深田明力 （、学心理学部）

　障害者差別解消法の改正に伴い、大学では国公立、私立を問わず、合理的配慮の提供が求められる日が目前に迫っています。発達障害の中でも、自閉スペクトラム症あるいは自閉スペクトラムの特徴があり、苦戦する学生の割合は多いものです。そして、青年期に到ると、その障害名と学生像は容易に結びつけ難く、多種多様な適応上の悪戦苦闘が語られます。近年は、特別支援教育の進展もあり、受けてこられた支援の実績も豊かなものであったりします。しかし、一教員として、同じような支援を求められた際、ふと立ち止まり、問いかけたくなる瞬間があります。「あなたは自分も気づかぬ程に成長を遂げていたりはしないか」と。困難さを精査すると、自らできるようになった事が少なくないことを知り、ささやかな支援をお守りとして、自分の力を試そうと前を向く学生の背中は頼もしく映ります。現在、文部科学省により、障害のある学生の修学支援に関する検討会が、第3次となるまとめを目指して議論の最中ですが、支援が成長の妨げとならないよう願いつつ、その動向を注視しています。

　大学教員である時間も残りもわずかとなりましたが、本学会の立ち上げおよび機関紙第1号の刊行に、当時の若手として参画してから、20年以上の月日が流れたことになります。第21巻となる本号の巻頭言に際し、古参としての反省と振り返りを少し。学会名にもかかわる用語の問題等、さまざまな議論もありましたが、各領域の専門家・実践家、保護者に加え、当事者の声を誌面の上でも感じとれたことは、機関紙の編集における貴重な体験でした。論文が形になるその間にも、当事者も周囲の人も進歩する、そして支援はひとつの契機となり、未来はその人たちの中にあると。

　今回、当初の目的でもあった多彩な論文が6本掲載されています。原著となる1本は、生活機能分類（ICF）の実践活動への導入とその効果、実践研究はスタッフのSST支援技術の向上を意図したコーチングの導入と効果、ASD児を対象とした応答スキルの指導の実践と場面般化、そしてASD児の課題中の逸脱行動軽減を意図した学習支援に関する各1本、資料では特別支援学級担任の支援とその課題を保護者対象の調査から捉えようとした試み、実践報告では、特別支援学級担任に提供されたプリント教材によるカタカナ指導の実践があり、いずれの報告も適切な社会科学的検証の努力がなされています。掲載に到らなかった論文でも、ユニークな視点が提案されているものもあり、多彩な領域の評価には他分野の査読協力も必要ですが、発達支援科学としての確かな歩みにつながるものと思います。編集委員の助言が、将来につながることを願いつつ、当事者やその周囲、そして支援者の励みにもなる知見に出会えたら幸いです。

Contents |目次|

The Japanese Journal of Autistic Spectrum

自閉症スペクトラム研究

第21巻　第1号
September 2023

The Japanese Journal of Autistic Spectrum 2023, Vol.21-1, 5-14

原著

自閉スペクトラム症および注意欠如多動症版 International Classification of Functioning, Disability and Health（ICF）コアセットの ICF 情報把握・共有システムへの導入とその効果

Effects of introducing International Classification of Functioning, Disability and Health（ICF）Core Sets for autism spectrum disorder and attention deficit hyperactivity disorder to the system for collecting and sharing ICF information

安達 潤（北海道大学大学院教育学研究院 臨床心理学講座）

Jun Adachi（*Department of Educational Psychology, Graduate School of Education, Hokkaido University*）

■要旨：本研究の目的は、自閉スペクトラム症（以下、ASD；autism spectrum disorder）の ICF コアセット（Bolte et al., 2019）と注意欠如多動症（以下、ADHD：attention-deficit hyperactivity disorder）の ICF コアセット（Bolte et al., 2018）を実践支援に活用し、その有用性を確認することである。具体的には ICF 情報把握・共有システム（安達，2018）（以下、ICF システム）に 2 つの ICF コアセットを導入したコアセット版 ICF システムを作成し、安達・吉川（2021）の社会実装研究の方法でその実践活用における有用性と情報把握の労力を確認した。ICF コアセットの ICF システムへの導入は、2 つの ICF コアセットを統合したリストを活動と参加および環境因子のそれぞれについて作成し、支援に必要なその他の ICF 項目で補完して行った。有用性と労力の確認は、就学前と学齢の対象者 7 名の支援にコアセット版 ICF システムを活用し、その有用性に係る質問紙調査の回答をコアセット導入前後で比較した。結果、コアセット版 ICF システムの活動と参加および環境因子の各情報把握シートは導入前とほぼ同じ有用性を示し、情報把握の労力は軽減した。コアセット版 ICF システムとしての活用を通じて、ASD と ADHD の ICF コアセットの実践的支援における有用性が示された。

■キーワード：ICF コアセット、自閉スペクトラム症、注意欠如多動症、多領域連携、発達支援

Ⅰ．本研究の目的

　ASD を中心とする発達障害の支援は生涯にわたる多領域連携が重要である（神尾他，2020）。ICF（International Classification of Functioning, Disability and Health；国際生活機能分類）は健康に関連する諸要因を網羅的に分類・記述しており、多領域連携の共通言語として期待される（中俣，2016）が、その項目数の膨大さや項目定義と評定基準のわかりづらさにより実践活用の難しさが指摘されている（筒井，2016）。安達（2018）は ICF の活動と参加および環境因子の各項目により生活場面の網羅的な情報把握と支援に有用な情報整理を可能とする ICF 情報把握・共有システム（以下、ICF システム）を開発し、その社会実装研究（安達・吉川，2021）において支援計画の実効性向上、支援者のスキルアップ、保護者の子育てへの支

援効果が示された。しかし一方、項目数の膨大さによる情報把握労力の大きさという課題も認められた。

　ICF の実践活用を阻む膨大な項目数の解決策として、WHO（World Health Organization；世界保健機関）とその ICF 研究部門が作成した科学的手順（Selb et al., 2015）により、特定の健康状態（病気、変調、障害など）に該当する群を対象とする ICF コアセットの開発が進められている。ICF システムの対象である知的障害・発達障害については、ASD と ADHD の ICF コアセットがある。しかしこれら ICF コアセットの活用に関して、ASD の性差に係る調査研究の分析視点（Lundin et al., 2021）や学校環境における ASD 児への合理的配慮に係るシステマティックレビューの分類視点（Leifler et al., 2021）などの報告はあるものの、ICF コアセット自体を実践活用した報告は見当たらない。

　本研究の目的は、①ICF 情報把握・共有システ

ム（以下、ICF システム）（安達，2018）に ASD と
ADHD の ICF コアセットを導入したコアセット版
ICF システムを作成し、②安達・吉川（2021）の社会
実装研究の枠組みでの活用を通じてコアセット導入の
効果を（a）支援に係る有用性、（b）情報把握労力の
軽減の観点から検証することである。

Ⅱ．方　法

1．導入するコアセット項目の検討

（1）導入に関わる課題

ICF コアセットは、（a）体系的文献レビュー、（b）
多施設臨床調査（当事者の臨床的生活機能調査）、（c）
質的研究（当事者・家族・支援者への質的インタ
ビュー調査）、（d）専門家調査（専門家の見解調査）
の 4 つの研究を通じて、心身機能・身体構造、活動と
参加、環境因子について絞り込まれた ICF 第 2 レベ
ル項目の総和を候補リストとし、一定の基準で選ば
れた専門家の国際会議における議論という一連の手順
により、包括セットと短縮セットが作成されるもので
ある。ASD と ADHD では、全年齢を対象とする包括
セットと短縮セット、0 〜 5 歳用、6 〜 16 歳用、17
歳以上用の各短縮セットの計 5 つのセットがそれぞれ
開発されている。

ICF コアセットの活用負担は項目数の減により低下
したが、ICF システムへの導入には内容上の 2 つの課
題、（a）ICF システムは診断前からの活用を想定して
いるが ICF コアセットは診断カテゴリーに基づいて
構成されていること、（b）ICF システムは地域の支
援現場での活用を想定しているが医療以外の一般の支
援現場では心身機能・身体構造の正確な評価が困難な
ことがある。また、ASD・ADHD のコアセットとも
に、17 歳以上版の環境因子に感覚刺激項目が入らな
かったことが原著（Bolte et al., 2019）でも課題とし
て指摘されている。これらを考慮し、コアセット導入
手続を決定した。

（2）手続き

コアセットの導入は以下の手続きで行った。（a）導
入する項目は活動と参加および環境因子の項目に限定
する、（b）3 つの年齢帯毎で ASD と ADHD の短縮
セットの共通項目に ASD のみの項目と ADHD のみ
の項目を加えたものを導入するコアセット項目の基
本リストとする、（c）ASD と ADHD の包括コアセッ
トに基づいて（b）と同じ手順で導入するコアセット

項目の統合リストを作成する、（d）統合リストにあ
り、基本リストでは抜け落ちている項目について支援
への有用性の観点から検討する、（e）有用であると
（d）で判断された項目を基本リストに補完する（補
完 -A）、（f）統合リスト以外の項目を総覧し支援に有
用と判断された項目を基本リストに補完する（補完
-B）。なお、（d）（e）（f）については、ASD を中心と
する発達障害支援に 30 年以上の経験を持つ児童精神
科医 1 名の協力を得て、筆者との合議で判断した。原
典のコアセットを以上の手続で補完し、ICF システム
に導入する ICF 項目群を各年齢帯について作成した。
なお、Bolte et al.（2018, 2019）の全項目は維持し、
原典の ICF コアセットのみの活用も可能な構成とし
た。

2．コアセット版 ICF システムの有用性検証

（1）手続き

愛知県碧南市の発達障害支援モデル事業において
2019 年度（フルセット改訂第三版）と 2020 年度（コ
アセット版）の ICF システムを実際の支援で活用す
るコミュニティベースの社会実装研究を行った。この
中で実施した ICF システム活用に係るシステム使用
評価の質問紙調査結果を両年度間で比較した。両年度
の ICF システム実施は、安達・吉川（2021）に記載
した①支援チームの形成、②情報把握の分担と実施、
③データ整理表による情報共有、④活動と参加シート
からの支援項目選択、⑤支援会議資料作成、⑥支援会
議実施、⑦支援実施の手順で行った。本稿の分析対象
とする効果検証の質問紙は（a）活動と参加シート、
（b）環境因子シートの 2 つであり、記入（情報把握）
の労力の程度、当該シートによる情報把握の有用性と
支援プロセスへの効果、活用による発達障害への気づ
きを問う項目を設定した。実施プロセスは各当該年度
内とし、アンケートは支援会議後に実施した。なお、
各質問紙の詳細は回答結果と併せて「Ⅲ．結　果」に
示す。

（2）支援対象者と質問紙の回答者

支援対象者は碧南市が早期療育事業として運営する
親子支援事業を利用する養育者とその児に加え、社会
福祉協議会所属の相談支援専門員が担当する児童・生
徒とその養育者などで、モデル事業への参加協力への
担当者の打診に応じた場合に対象とし、質問紙調査を
含む研究協力への同意を書面でとった。表 1 に両年度
の支援対象者の在籍学級等と診断情報および総数、質
問紙の回答者の職種内訳、各実数と各延数および実

表 1　コアセット導入前後の年度における支援対象者とアンケート回答者

コアセット	支援対象者（在籍学級等）	診断	総数	アンケート回答者（実数／延数）	実総数／延総数
導入前（2019 年度）	幼稚園年長児	自閉症	3	児童精神科医（1／1）、相談支援専門員（3／3）、児童支援員（5／8）、児童発達支援管理責任者（1／1）、保育士（2／2）、教諭（2／2）、事業所代表・理事（2／3）、家族（2／2）	18／22
	小学 1 年生（特別支援学級）	注意欠陥・多動性障害、自閉症スペクトラム障害			
	小学 6 年生（通常の学級）	自閉スペクトラム症、注意欠陥・多動症			
導入後（2020 年度）	保育園年少児	未受診・未診断（不安とこだわりが強い）	7	相談支援専門員（4／8）、児童支援員（2／4）、児童支援員・家族（1／3）、児童発達支援管理責任者（3／4）、児童指導員（3／3）、保育士（4／4）、保育園園長（2／3）、作業療法士（2／2）、教諭（4／4）、事業所代表・理事（2／7）、家族（4／4）※家族 1 名は児童支援員 1 名と同一者のため、児童支援員のみ、家族のみの回答者とは別記載	31／46
	保育園年少児	自閉スペクトラム症			
	保育園年中児	自閉スペクトラム症			
	保育園年長児	注意欠如・多動症			
	小学校 2 年生（特別支援学級）	注意欠如・多動症、自閉スペクトラム症			
	中学校 1 年生（特別支援学級）	自閉スペクトラム症、注意欠如・多動症			
	中学校 3 年生（特別支援学級）	自閉症			

総数と実延数を示す。17 歳以上の支援対象者が含まれていないため、今回の有用性検証は 0 〜 5 歳版と 6 〜 16 歳版に限定される。また回答者に実数と延数があるのは、同一回答者が複数の支援対象者の支援に関わっているからである。質問紙の回答者は比較的少数であるが、全員が実際の支援プロセスに直接関わっているため、ICF システムの有用性を実践的妥当性に基づいてコミュニティベースで直接評価できる特徴を有している。なお両年度の重複回答者の職種、実数と両年度の延数を職種（実数；2019 年度延数／ 2020 年度延数）の形式で示すと、相談支援専門員（3；3／6）、事業所代表・理事（2；3／7）、児童発達管理責任者（1；1／2）、児童支援員（3；6／6）、家族（2；1／2）、学校教諭（1；1／1）であり、実数は 11 名、2019 年度延数は 15 名、2020 年度延数は 24 名であった。

（3）分析方法

　質問紙の各質問項目への回答は記入労力の設問では［1（少ない）− 2 − 3 − 4 − 5（多い）］の 5 件法、その他の設問では［1：そう思う、2：多少そう思う、3：あまりそう思わない、4：思わない］の 4 件法のリッカート評定とした。分析は各設問の評定値をマン・ホイットニーの U 検定により両年度間で比較した。統計的検定の有意水準は 5% 未満（$p < .05$）とした。また記入労力の設問では評定 1、2、3 の回答総数の全評定の回答総数に対する割合を、その他の設問では評定 1、2 の回答総数の全評定の回答総数に対する割合を算出し、肯定的回答の割合として評定値の傾向

を示した。

（4）研究倫理

　コアセット版 ICF システムの有用性検証に係る質問紙の実施については、北海道大学大学院教育学研究院の研究倫理審査委員会に審査申請を行い、承認を得ている（2019 年度：受付番号 19-29 番；2020 年度：受付番号 02-14 番）。

Ⅲ．結　果

1．導入するコアセット項目の検討

　表 2 は確定したコアセット版 ICF システムの活動と参加シートおよび環境因子シートの項目一覧である。なお、ICF の環境因子は第 3 章「支援と関係」第 4 章「態度」が人に係る環境因子、第 1 章「製品と用具」第 2 章「自然環境と人間がもたらした環境変化」第 5 章「サービス・制度・政策」が人以外の環境因子となっており、ICF システム（安達, 2018, 2021）では人に係る環境因子の重要性を強調するとともに理解の簡便化のため、第 3 章と第 4 章を最初に配置している。活動と参加、環境因子とも、ASD と ADHD の各年齢帯の短縮セットの基本リストを＊印で、項目補完タイプを補 -A または補 -B で示している。補 -A と補 -B の項目数は活動と参加の 0 〜 5 歳で 8 項目と 6 項目、6 〜 16 歳で 16 項目と 4 項目、17 歳以上で 22 項目と 7 項目となり、環境因子では 0 〜 5 歳で 5 項目と 2 項目、6 〜 16 歳で 5 項目と 2 項目、17 歳以上で

表2　補完後の ICF コアセット項目一覧（活動と参加および環境因子）

活動と参加シート　項目補完版コアセット項目一覧			
第1章　学習と知識の応用	0～5歳	6～16歳	17歳以上
d110) 目的をもって見ること	*	*	補-A
d115) 目的をもって聞くこと	*	*	補-A
d120) 目的をもってその他の感覚（触・嗅・味）を使うこと	補-B	補-B	補-B
d130) まねをして学ぶこと	*	*	
d132) 質問して知ろうとすること	*	*	*
d133) ことばの習得と使用	補-B		
d137a) 物の特徴を表すことばの学習と使用	*	*	
d137b) 心の状態を表すことばの学習と使用	*	*	補-A
d140) 読むことの理解と習得	補-A	*	
d145) 書くことの理解と習得	補-A	*	
d150) 計算することの理解と習得	補-A	補-A	
d1310-1312) 物（もの）を扱う遊びを通して学ぶこと	補-B		
d1313-1314) 見立てることやフリをすることを通して学ぶこと	補-B		
d155) 日常生活に必要な行為やスキルの習得	*	*	*
d160) 何かに注意を集中すること	*	*	*
d161) 課題や作業が終わるまで注意をそらさないこと	*	*	*
d166) 読むことの実生活での活用		*	*
d170) 書くことの実生活での活用		*	補-A
d172) 計算することの実生活での活用		*	補-A
d163) 思考すること		*	補-A
d175) 問題を解決すること	*	*	*
d177) 意思決定すること	*	*	*
［補完-A の項目数、補完-B の項目数］	[3、4]	[1、1]	[6、1]
第2章　生活の中で求められる課題	0～5歳	6～16歳	17歳以上
d210a) 一つの作業や活動を一人ですること	*	*	*
d220a) 複数の作業や活動を一人ですること	*	*	*
d230a) 日課（日々のお決まりの作業や活動）を一人で行うこと	*	*	*
d210b) 他者と協力して一つの作業や活動をすること	*	*	*
d220b) 他者と協力して複数の作業や活動をすること	*	*	*
d230b) 他者と協力して日課（日々のお決まりの作業や活動）を行うこと	*	*	*
d240) ストレスや不安を伴う作業や活動の遂行	*	*	*
d250) 場面に応じた行動のコントロール	*	*	*
［補完-A の項目数，補完-B の項目数］	/	/	/
第3章　コミュニケーション	0～5歳	6～16歳	17歳以上
d310a) 話しことばで伝えられたメッセージの理解	*	*	*
d310b) 声で伝えられたメッセージの理解	*	*	*
d3150) 表情やジェスチャーが伝えるメッセージの理解	*	*	*
d325) 書きことばによるメッセージの理解	補-B	補-B	補-B
d3151-2) 記号やシンボルの理解、絵や写真の理解	*	*	*

第3章　コミュニケーション（続き）	0～5歳	6～16歳	17歳以上
d330) 話しことばによるメッセージの伝達	*	*	*
d331) 声によるメッセージの伝達	*	補-A	補-A
d3350) 表情やジェスチャーによるメッセージの伝達	*	補-A	補-A
d345) 文字などの書きことばによるメッセージの伝達		補-A	補-A
d3351-2) 記号やシンボル、絵や写真によるメッセージの伝達	*	補-A	補-A
d350) 会話	*	*	*
d355) 話し合い（議論や討論）		補-B	補-B
d360) 電話や FAX、電子メールによるコミュニケーション	*	補-A	*
［補完-A の項目数、補完-B の項目数］	[0、1]	[5、2]	[4、2]
第4章　運動・移動	0～5歳	6～16歳	17歳以上
d410) 姿勢を変える（姿勢の変換）	補-A		
d415) 同じ姿勢を保つ（姿勢の保持）		補-A	補-A
d440) 細かな手の動き（手や指の巧緻動作）で物を扱うこと	*	補-A	補-A
d445) 手と腕をうまく使って物を扱うこと	補-A	補-A	補-A
d455) 移動すること	補-A	補-A	補-A
d470) 交通機関や交通手段の利用		*	*
d475) 自分で乗り物を運転・操作して移動すること		補-A	*
［補完-A の項目数、補完-B の項目数］	[3、0]	[5、0]	[4、0]
第5章　セルフケア	0～5歳	6～16歳	17歳以上
d510) 自分の身体を洗うこと		*	
d520) 身体の様々な部位の身だしなみを整えたり、清潔に保つこと		*	補-A
d530) 排泄、生理のケア（6歳以上の初潮を迎えている女性）	*	補-B	補-B
d540a) 衣服の着替え、履き物の脱ぎ履き	補-A	*	*
d540b) 場面や気候に応じた衣服や履き物の選択		*	補-A
d550) 食べること	*	補-A	補-A
d560) 飲むこと	補-A	補-A	補-A
d570) 健康に注意すること	*	*	*
d571) 危険を回避し安全を保つための配慮や注意	*	*	*
［補完-A の項目数、補完-B の項目数］	[2、0]	[2、1]	[4、1]
第6章　家庭生活	0～5歳	6～16歳	17歳以上
d620) 生活必需品の入手と電気・ガス・水道の手続			補-A
d630) 調理をすること		補-A	補-A
d640) 調理以外の家事をすること		補-A	*
d650a) 家庭用品の管理			補-B
d660) 家族の世話や他者の世話をすること			補-A
［補完-A の項目数、補完-B の項目数］	/	[2、0]	[3、1]
第7章　対人関係	0～5歳	6～16歳	17歳以上
d710) 基本的な対人関係	*	*	*
d720) 複雑な対人関係	*	*	*
d730) よく知らない人とその場かぎりで関わること		*	補-A
d740) 公式（フォーマル）の対人関係		*	*
d750) 非公式（インフォーマル）の対人関係	*	*	*

表 2　つづき

	0~5歳	6~16歳	17歳以上
d760) 家族との対人関係	*	*	*
d770) 恋愛・婚姻関係にある人との対人関係			*
［補完-A の項目数、補完-B の項目数］			[1, 0]

第 8 章　遊び、教育、経済活動	0~5歳	6~16歳	17歳以上
d880) 一人でまたは誰かと遊ぶこと	*	*	*
d815) 幼稚園や保育園で学ぶこと	補-B		
d820) 小学校・中学校・高校で学ぶこと		*	*
d830) 大学や専門学校で学ぶこと			*
d825) 職業訓練校で学ぶこと			*
d840) 職業準備			補-B
d845) 仕事の獲得・維持・終了			*
d850) 報酬のある仕事			*
d860) 日常的なお金の使用や貯蓄		補-A	*
d865) 商取引、株や外貨の売買、銀行口座の使用など。			補-B
d870) 財産の管理と維持			*
［補完-A の項目数、補完-B の項目数］	[0, 1]	[1, 0]	[0, 2]

第 9 章　コミュニティライフ・社会生活・市民生活	0~5歳	6~16歳	17歳以上
d910) コミュニティライフ			*
d920) レクリエーションとレジャー	*	*	*
d940・d950) 人権や市民権の理解と行使、選挙権の行使			*
［補完-A の項目数、補完-B の項目数］			

環境因子シート　項目補完版コアセット項目一覧			
第 3 章　物理的支援と心理的支援／第 4 章　特性理解と障害観	0~5歳	6~16歳	17歳以上
e310) 家族や近い親族の物理的支援と心理的支援	*	*	*
e410) 家族や近い親族の特性理解と障害観	*	*	*
e315) 親族の物理的支援と心理的支援	*	*	*
e415) 親族の特性理解と障害観	*	*	*
e320) 友人の物理的支援と心理的支援	*	*	*
e420) 友人の特性理解と障害観		*	*
e325) 知人、仲間、同僚、隣人、地域の人たちの物理的支援と心理的支援	*	*	*
e425) 知人、仲間、同僚、隣人、地域の人たちの特性理解と障害観			*
e330) 教師や雇用主など権限をもち上の立場にある人たちの物理的支援と心理的支援	*	*	*
e430) 教師や雇用主など権限をもち上の立場にある人たちの特性理解と障害観	*	*	*
e340) 対人サービス提供者の物理的支援と心理的支援	*	*	*
e440) 対人サービス提供者の特性理解と障害観	*		
e355) 医療・保健・福祉の専門職の物理的支援と心理的支援	*	*	*
e450) 医療・保健・福祉の専門職の特性理解と障害観	*	*	*
e360) その他の専門職の物理的支援と心理的支援	*	*	*
e455) その他の専門職の特性理解と障害観		*	*
e460) 団体やグループの障害観	*	*	*
e465) 社会全体の価値観、習慣、慣行、宗教教義など	*	*	*
［補完-A の項目数、補完-B の項目数］			

第 1 章　製品と用具	0~5歳	6~16歳	17歳以上
e110a) 食べ物や飲み物	*	*	*
e110b) 薬や栄養補助剤	*	*	*
e1150) 日常生活で使う一般的な製品と用具（改造や特別な設計なし）	*	*	*
e1151) 日常生活での使いやすさを支援するために工夫・改造された製品と用具	*	*	*
e11520) 一般的な遊び用の製品と用具（改造や特別な設計なし）	*	*	*
e11521) 遊びやすさを支援するために工夫・改造された製品と用具	*	*	*
e1250) 情報の受信や発信、コミュニケーションのための製品や用具（改造や特別な設計なし）	*	*	*
e1251) 情報の受信や発信、コミュニケーションを支援するために工夫・改造された製品と用具	*	*	*
e1300) 学習をするための一般的な製品と用具（改造や特別な設計なし）	*	*	*
e1301) 学習のしやすさを支援するために工夫・改造された製品と用具	*	*	*
e1350) 仕事をするための一般的な製品と用具（改造や特別な設計なし）			補-B
e1351) 仕事のしやすさを支援するために工夫・改造された製品と用具			補-B
e165) 資産			補-A
［補完-A の項目数、補完-B の項目数］			[1、2]

第 2 章　自然と人間がもたらした環境変化	0~5歳	6~16歳	17歳以上
e240) 光	*	*	補-A
e250) 音	*	*	補-A
e260) 匂いや空気	補-A	補-A	補-A
e2250) 気温	補-A	補-A	補-A
e2251) 湿度	補-A	補-A	補-A
e2252) 気圧	補-A	補-A	補-A
e2253-2255) 雨や雪、風などの天候、降水量や風速、四季の変化など	補-A	補-A	補-A
e255) 振動	補-B	補-B	補-B
［補完-A の項目数、補完-B の項目数］	[5、1]	[5、1]	[7、1]

第 5 章　サービス	0~5歳	6~16歳	17歳以上
e525)（平常時や非常時の）住宅供給サービス			*
e535) 公共や民間のコミュニケーション手段に関連するサービス		*	*
e560) マスコミュニケーションの情報メディアに関連するサービス	補-B	補-B	*
e550)（民事訴訟や刑事裁判について聴取し解決するための）司法に関連するサービス	*	*	*
e570)（災害保険、失業保険、生活保護、障害年金など）社会保障に関するサービス	*	*	*
e575) 一般的な社会的支援に関するサービス	*	*	*
e580) 医療や保健に関連するサービス	*	*	*
e585) 教育と訓練のサービス	*	*	*
e590) 労働と雇用のサービス	*	*	*
［補完-A の項目数、補完-B の項目数］	[0、1]	[0、1]	

8 項目と 3 項目となった。なお、表 2 の項目表記は項目内容が理解しやすいよう、できるだけ自然で平易な表現とした「ICF システム改訂第三版」（安達，2018）のものであり、項目番号に付された a や b は知的障害や発達障害の情報把握を考慮してオリジナルの項目内容を分けて設定したものである。

活動と参加シートの項目補完について以下、説明する。第 1 章「学習と知識の応用」では、感覚の使用は感覚問題と密接に関係するため d110、d115 に d120 を加えて全年齢帯に拡張・補完した。d133 は言葉の習得が発達障害の把握に重要であることから 0 〜 5 歳に補完した。d137b は ASD では心の状態の理解困難がライフコースに渡るため 17 歳以上に補完した。d140、d145、d150 は読み書き計算の習得の遅れを把握するために 0 〜 5 歳、6 〜 16 歳に補完するとともに、青年期以降の実生活での困難を把握するために d170、d172 を 17 歳以上に補完した。d1310-1312、d1313-1314 は物の認知と心の認知の両面を就学前から把握するために 0 〜 5 歳に補完した。d163 は青年期以降にも見られる思考の混乱や偏りを把握するため 17 歳以上に補完した。第 2 章「生活の中で求められる課題」への補完はない。第 3 章「コミュニケーション」では音声言語スキルが不十分な場合や直接対話が難しい場合の代替コミュニケーションの可能性を確認するため d325、d331、d3350 を全年齢帯に、d345 は年齢的に該当する 6 歳以降に補完した。また d3351-2 は視覚的構造化で活用される情報伝達方法であるため全年齢帯をカバーする形で補完した。d355 は、学校や社会で日常的に求められる活動であり、6 歳以降に補完した。d360 は全年齢帯で活用するコミュニケーション手段であり 6 〜 16 歳に補完した。第 4 章「運動・移動」では、運動の基礎スキルである d410 を 0 〜 5 歳に、学校や仕事場面で求められる社会的課題として d415 を 6 歳以降に補完した。また生活環境のすべての場面で求められる d440、d445、d455 は全年齢帯をカバーする形で補完し、社会生活に求められるスキルとして d475 を 6 〜 16 歳に補完した。第 5 章「セルフケア」では、当該文化の中で周囲と調和的に生活するために必要なスキルとして d520 と d540b は 6 歳以降、d530、d540a、d550、d560 は全年齢帯をカバーする形で補完した。d530 にある生理のケアは初潮を迎えた女性で生活上の課題となる内容である。d550、d560 は当該の振る舞いが社会文化的な許容範囲内にあるか否かに加え、偏食や多飲などの食行動異常を把握する項目としても補完した。第 6 章「家庭生活」は

社会的自立や共同生活に必要なスキルとして、社会的自立以前でも求められる d630、d640 を 6 歳以降に、社会的自立以降に求められる d620、d650a、d660 を 17 歳以上に補完した。第 7 章「対人関係」では、青年期以降も地域生活や仕事上で必要な社会性スキルとして d730 を 17 歳以上に補完した。第 8 章「遊び、教育、経済活動」では、コアセット原典にはなかったが日本文化では該当する d815 を就学前の適応状況を把握するために 0 〜 5 歳に補完した。d840 は就労支援との関連で 17 歳以上、d860 は学校教育期のお小遣いの使用との関連で 6 〜 16 歳に補完した。d865 は主にゲーム課金やオークションなど衝動的な金銭浪費や詐欺被害、加えて銀行口座の運用スキルとの関連で 17 歳以上に補完した。

環境因子シートの項目補完については、第 3 章「物理的支援と心理的支援」／第 4 章「特性理解と障害観」への補完はない。第 1 章「製品と用具」では、仕事に関連する項目として e1350 と e1351 を 17 歳以上に補完した。e165 は経済状況が乏しくても生活が成り立たない一方、豊かすぎても自立が妨げられるため、17 歳以上に補完した。第 2 章「自然と人間がもたらした環境変化」では、感覚問題の把握は発達障害支援に重要であるため、ICF の環境因子項目で感覚問題と関連する e240、e250、e260、e2250、e2251、e2252、e2253-2255、e255 の全項目について全年齢帯をカバーする形で補完した。ところで発達障害支援の観点からは「触感覚」の項目が存在して然るべきである。これは ICF の心身機能の第 1 章「精神機能」の知覚機能（b156）と第 2 章「感覚機能と痛み」の触覚（b265）が該当するが、先述したように今回、心身機能・身体構造の項目は除外したため補完していない。触覚については日常生活で使う一般的な製品と用具（e1150）を通じて、触感覚が原因で使いづらいと思われる製品と用具の把握により代替することとした。第 5 章「サービス」では、インターネット情報が幼児期から身近にあることに加え、SNS 等の情報による生活機能への影響を把握するため e560 を 0 〜 5 歳および 6 〜 16 歳に補完した。

以上、コアセット導入版の作成により、活動と参加の項目総数は導入前改訂第三版の 127 項目から 84 項目となり 34％の減少となった。各年齢帯では 0 〜 5 歳版は 54 項目で 58％減、6 〜 16 歳版は 67 項目で 47％減、17 歳以上版は 74 項目で 42％減となった。環境因子の項目総数は導入前改訂第三版の 84 項目から 48 項目となり 43％の減少となった。各年齢帯では 0

～ 5 歳版は 40 項目で 52％減、6 ～ 16 歳版は 42 項目で 50％減、17 歳以上版は 47 項目で 44％減となった。なお、環境因子の第 5 章「サービス」は社会制度などの間接的な環境因子であり、ICF システムでは必要に応じて情報把握するため、実践的な項目数はさらに減少する。

2．コアセット版 ICF システムの有用性検証

活動と参加シート質問紙の結果を [2019 年度の評定値中央値、2020 年度の評定値中央値；U（2019 年度、2020 年度の回答数）= U 値、P 値］（2019 年度、2020 年度の肯定的回答の割合）の形式で以下に示す。なお有意差が示された設問では評定値の平均順位を [2019 年度、2020 年度] で示し、効果量（r）を付記する。「記入労力」の結果は [5、3；U（18、16）= 59.5、P < .01]（22％、56％）、平均順位は [22.2、12.2]、r = 0.53（効果量大）であり情報把握の記入労力はコアセット導入によって有意な軽減を示した。対象児者の情報把握に係る 5 つの設問では（1）「対象児者のできていることがあった」は [1、1；U（21、46）= 445.5、P = .52]（95％、89％）、（2）「対象児者ができていないことがあった」は [1、2；U（21、46）= 345.5、P = .04]（95％、78％）、平均順位は [27.5、37.0]、r = 0.25（効果量小）、（3）「対象児者に有効な支援があった」は [1、1；U（22、46）= 451、P = .406]（91％、96％）、（4）「対象児者に必要な支援があった」は [1、1；U（22、46）= 481、P = .689]（91％、98％）、（5）「対象児者が身につけるべきスキルがあった」は [1、2；U（21、45）= 374.5、P = .13]（86％、98％）であり、コアセット版は「対象児のできていないことの把握」の評価（設問 2）が多少低下し、評定の中央値も 1 から 2 に変化した。活動と参加シートで把握された情報活用に係る 5 つの設問では（6）「現在および今後の支援計画はさらによくなっていく」は [1、1；U（22、46）= 432.5、P = .26]（100％、98％）、（8）「情報共有によって多職種支援連携が効果的に実現される」は [1、1；U（22、45）= 396、P = .101]（100％、98％）、（10）「早期からの引き継ぎによって適応不全を事前に回避できる」は [2、2；U（22、45）= 402.5、P = .183]（86％、78％）、（12）「担当部分の記入に必要な労力と時間に見合うものだった」は [1、2；U（17、18）= 119、P = .199]（100％、94％）、（13）「発達障害への気づきにつながると思う」は [1、1；U（22、44）= 484、P = 1.0]（96％、96％）であった。以上、

コアセットの導入により活動と参加シートの情報把握に係る記入の労力が低下するとともに、その支援に係る有用性には大きな変化がなく、肯定的回答の割合が示すように、その有用性が保たれたことを示している。なお質問項目の欠番となっている（7）、（9）、（11）は自由記述欄のため本稿では割愛した。

環境因子シート質問紙では、「記入労力」の結果は [2.5、1.5；U（2、10）= 7.5、P = .574]（100％、80％）であった。対象児者の情報把握に係る 5 つの設問では「対象児者の生活に影響する環境因子があった」の（1）a「周囲の人たち」は [1、1；U（21、46）= 410、P = .286]（86％、78％）、（1）b「製品と用具、自然環境、サービス」は [1.5、2；U（20、46）= 343、P = .081]（90％、74％）、（2）「対象児の生活しやすさにつながる環境因子があった」は [1.5、2；U（20、45）= 392、P = .375]（85％、80％）、（3）「対象児者の生活しづらさにつながる環境因子があった」は [1、2；U（18、46）= 343.5、P = .248]（94％、85％）、（4）「対象児者に必要な環境調整支援があった」は [2、2；U（18、46）= 384、P = .625]（89％、83％）であった。環境因子シートで把握された情報活用に係る 5 つの設問では（5）「現在および今後の支援計画はさらによくなっていく」は [1、2；U（20、46）= 360、P = .125]（95％、85％）、（7）「情報共有によって多職種支援連携が効果的に実現される」は [1、2；U（18、46）= 365、P = .412]（94％、93％）、（9）「早期からの引き継ぎによって適応不全を事前に回避できる」は [2、2；U（16、46）= 306.5、P = .278]（69％、78％）、（11）「担当部分の記入に必要な労力と時間に見合うものだった」は [1、2；U（2、10）= 3、P = .094]（100％、90％）、（12）「発達障害への気づきにつながると思う」は [2、2；U（13、45）= 258、P = .473]（92％、91％）であった。以上、全質問項目で両年度の結果に有意差がなく中央値および肯定的回答の割合からはコアセット版がフルセット版同様の有用性を持つことが示された。なお設問（2）、（11）は 2019 年度のデータ数が僅かで当該年度の実態を反映していない可能性もあるが、（2）「記入の労力」については 2020 年度の評定 1 ～ 5 の各回答数が 5、1、2、1、1 であり、コアセット版 ICF システム環境因子シートの記入労力がさほど多くないことが示唆された。

Ⅳ．考 察

1．コアセット版 ICF システムの有用性

　活動と参加シートについては、対象児者の情報把握に係る設問（2）「対象児のできていないことの把握」以外の設問では両年度とも肯定的回答の割合が高く、年度間の有意差もなかった。設問（2）においてコアセット版で多少低下した理由は、ケース個々の活動と参加シートの詳細が得られていないため確定することは難しい。ここで補足情報として両年度の支援当初に示されていた支援対象者の状態像を事業報告書（碧南市，2020, 2021）の記載からまとめ、状態像（2019年度の該当者数／2020 年度の該当者数）の表記で示すと、①自傷他害等の行動上の問題（2／4）、②不安の強さ（1／3）、③人との関わりのなさや無気力（0／2）、④期待される課題や行動のできなさ（3／1）となる。①と②の状態像は各年度の対象者にほぼ同じ割合で認められている一方、③は 2020 年度が多く、④は 2020 年度が少ない。このことが設問（2）の結果に反映された可能性が考えられる。しかし両年度の対象者の支援ニーズは①と②の状態像および診断名からは大きく異なるものではなく、ICF 活用の対象として支援を充実させるべきケースであったと考えられる。以上より、コアセット版 ICF システムの活動と参加シートは導入前と同等の有用性を示したと考えられる。

　環境因子シートについては、記入労力を含め、すべての質問項目で年度間の有意差を認めなかった。また肯定的回答の割合も総じて高く年度間に大きな差はなかった。先述したように 2019 年度の回答数が僅かであった 2 つの設問は導入前との比較の結果解釈に慎重さを要するが、2020 年度の肯定的回答の割合は「記入労力」で 80％、「情報把握が必要な労力と時間に見合うか」で 90％となっており、コアセット版 ICF システムの環境因子シートの有用性を否定する結果ではない。以上より、コアセット版 ICF システムの環境因子シートは導入前と同等の有用性を示したと考えられる。

2．コアセット版 ICF システムの記入の労力

　コアセットの導入により活動と参加シートの情報把握労力は減じたと考えられる。但し、労力について評定 1（少ない）は得られておらず、運用方法の工夫などでさらに労力を減じていくことが今後の課題である。環境因子シートについては導入前の回答数が僅か

で導入前との比較は限定的となる。しかし導入後の評定では評定 1 と 2 だけで全回答の 60％、評定 3 を含めると 80％を占めており、導入後の記入労力がそれほど大きくないことが示された。

3．本研究の限界と今後の課題

　今回、コアセット版 ICF システムの労力軽減と実践的有用性の維持が確認された。しかし支援対象者の数は少数で年齢も就学前から中学生であり 17 歳以上が含まれておらず、人口約 7 万人の地方小都市での実践であった。そのため支援対象者の年齢やタイプ、実践地域を広げてコアセット版 ICF の有用性をさらに確認していくことが今後求められよう。また、コアセット版 ICF の有用性はシート全体としての検証に留まっており、各項目の支援についての有用性評価は行われなかった。この点については、年齢や発達水準、診断タイプを統制した複数のケースを通じた各項目の支援への有用度を検討する研究や発達障害・知的障害の支援に携わる専門家や支援者を対象としたコアセット版 ICF 項目の有用性調査研究も今後求められよう。

　また、本稿で示した結果の範囲を超えるが、コアセット版 ICF システムの社会実装を進める上での課題としては、日々の支援記録の書式に ICF 関連図の捉え方を反映する改訂を施し支援記録を ICF シートに効率的に落とし込むための工夫、ICF システムに基づく支援会議を限られた時間内で効率的に進めるためのファシリテーションテクニック（三田地，2019）の必要性などがある。コアセットの導入により ICF システムの活用のハードルは下がったが、それだけで地域支援体制の課題がすべて解決されるわけではない。本稿は知的障害・発達障害に係る実効性ある地域支援体制構築への 1 ステップである。

　謝辞：ICF システムコアセット版開発に際しての補完項目選定にご協力いただきました内山登紀夫氏（よこはま発達クリニック）、並びに ICF システムの実践活用にご協力いただきました愛知県碧南市の皆さまに深く感謝申し上げます。

〈文 献〉

安達　潤（2018）ICF の視点に基づく情報把握・共有システムの研究開発—知的障害・発達障害児者支援における多領域連携の実現に向けて．発達障害研究，40(4), 336-351.

安達　潤・吉川　徹（2021）ICF 情報把握・共有システムを活用した多領域連携が知的・発達障害の早期支援にもたらす効果―愛知県碧南市での社会実装研究を通じて．小児の精神と神経, 60(4), 309-324.

Bolte, S., Mahdi, S., Coghill, S. et al.（2018）Standirdised assessemnt of functioning in ADHD: consensus on the ICF Core Sets for ADHD. European Child & Adolescent Psychiatry, 27(10), 1261-1281

Bolte, S., Mahdi, S., de Vries, P.J. et al.（2019）The Gestalt of functioning in autism spectrum disorder: Results of the international conference to develop final consensus International Classification of Functioning, Disability and Health Core Sets. Autism, 23(2), 449-467

碧南市（2020）令和元年度碧南市発達障害児者地域生活支援モデル事業　ICF（国際生活機能分類）を活用した地域支援体制づくり（家庭、教育、福祉の連携）, http://www.rehab.go.jp/application/files/6916/3168/2655/3706ce7377b5e8901e20b0a343a14028.pdf（2022 年 10 月 2 日閲覧）．

碧南市（2021）令和 2 年度碧南市発達障害児者地域生活支援モデル事業 ICF（国際生活機能分類）を活用した家庭、教育、福祉のトライアングル連携とその実効的実現による発達障害の地域支援体制強化 , http://www.rehab.go.jp/application/files/8816/2969/9285/2.pdf（2022 年 10 月 2 日閲覧）．

神尾陽子・加藤永歳・高橋　脩他（2020）特集（学会企画シンポジウム）・障害のある人への合理的配慮に基づく支援とは？―連続した支援とするために．最初の診断を行うことの意味を多職種連携支援の観点から問う．発達障害研究 , 41(4), 264-275.

Leifler, E., Carpelan, G., Zakrevska, A. et al.（2021）Does the learning environment 'make the grade'? A systematic review of accommodations for children on the autism spectrum in mainstream school. Scandinavian Journal of Occupational Therapy, 28(8), 582-597.

Lundin, K. Mahdi, S., Isaksson, J. et al.（2021）Functional gender differences in autism: An international, multidisciplinary expert survey using the International Classification of Functioning, Disability, and Health model. Autism, 25(4), 1020-1035.

三田地真美（2019）「ファシリテーション」でサクサク進める話し合い．令和元年度日本学術振興会科学研究費補助金（基盤研究 C）「支援会議を活性化するためのファシリテーションの効果―ビデオ研修プログラムの開発」．

中俣恵美（2016）多職種協働のための共通言語としての ICF への期待と課題．The Japanese Journal of Rehabilitation Medicine, 53, 706-710.

Selb, M., Escorpizo, R., Kostanjsek, N. et al.（2015）A guide on how to develop an International Classification of Functioning, Disability and Health Core Set. European Journal of Physical and Rehabilitation Medicine, 51, 105-117.

筒井孝子（2016）ICF コアセットの活用可能性と課題．The Japanese Journal of Rehabilitation Medicine, 53, 694-700.

Effects of introducing International Classification of Functioning, Disability and Health (ICF) Core Sets for autism spectrum disorder and attention deficit hyperactivity disorder to the system for collecting and sharing ICF information

Jun Adachi（Department of Educational Psychology, Graduate School of Education, Hokkaido University）

Abstract: The purpose of this study was to utilize the International Classification of Functioning, Disability, and Health (ICF) Core Set to provide practical support for children with Autism Spectrum Disorder (ASD; Bolte et al., 2019) and Attention-Deficit Hyperactivity Disorder (ADHD; Bolte et al., 2018), and confirm its usefulness. We developed a Core Set version of the ICF information sharing system (ICF System) by introducing the two ICF Core Sets. Then, we used the social implementation research method and examined the Core Set version's practical utility and the effort required for information sharing (Adachi and Yoshikawa, 2021). Introducing the ICF Core Sets to the ICF System involved integrating the two Core Sets into lists of the domains of Activity and Participation and Environmental Factors, supplemented with other necessary ICF items for support. We supported seven preschool and school-aged children with developmental problems in Hekinan city of Aichi prefecture of Japan using the Core Set version of the ICF System. We compared their responses to a questionnaire inquiring about usefulness before and after introducing the Core Sets. The results indicated that the core sets version reduced the effort required to collect ICF information. Moreover, the usefulness of the sheets for collecting ICF information was nearly identical in the domains of Activity and Participation and Environmental Factors in both versions. This study indicates better usage and usefulness of the core set version of the system for collecting and sharing ICF information. These findings demonstrated the practical utility of the ICF Core Sets for ASD and ADHD support.

Key Words : ICF Core Set, autism spectrum disorder, attention deficit hyperactivity disorder, multi-disciplinary cooperation, development support

The Japanese Journal of Autistic Spectrum 2023, Vol.21-1, 15-24

実践研究

放課後等デイサービススタッフの SST 支援技術に対する実践に基づくコーチング法の効果

Effect of practice-based coaching for promoting social skills training techniques of after-school daycare service staff

竹島　克典（武庫川女子大学心理・社会福祉学部）
Katsunori Takeshima（*Mukogawa Women's University*）

田中　善大（大阪樟蔭女子大学児童教育学部）
Yoshihiro Tanaka（*Osaka Shoin Women's University*）

■要旨：本研究では、放課後等デイサービスにおいて、支援スタッフのSST支援技術を促進するための実践に基づくコーチング法（PBC）を用いた介入プログラムを実施し、その効果を検討した。介入プログラムには、SST支援技術に関する講義、指導案の事前チェックと行動リハーサル、チェックリストに基づくフィードバックおよびビデオフィードバックが含まれ、それらを日常の支援実践の中で実施した。その結果、介入プログラムの導入により支援スタッフのSST支援技術の向上が示された。また介入プログラムについて、対象となった支援スタッフおよびトレーニングを実施した管理職の職員によって、一定の社会的妥当性が確認された。本研究により、PBCに基づくスタッフトレーニングの有効性が示されたが、子どもの反応に合わせた先行刺激や強化刺激の提示などのスキルについては、より効果的な介入方法の検討が必要であることが示された。

■キーワード：放課後等デイサービス、実践に基づくコーチング法（PBC）、SST

Ⅰ. 問題の所在と目的

　障害のある子どもへの公的な支援が整備され、早期からの発達支援を生活に身近な場所で受けられる環境が広がってきている。児童福祉法に基づく放課後等デイサービス事業は、学齢期の障害児に対して生活能力の向上のために必要な訓練や社会との交流の促進等の支援を行い、子どもの最善の利益の保障と健全な育成を図るものである。当該事業の利用ニーズは高く、制度創設時の2012年に2,540カ所であった設置数が2021年2月時点で1万5,834カ所にまで増え、利用児童は24万7,851名にのぼる（厚生労働省，2021）。利用者は知的障害や発達障害のある児童が比較的多く、大半の事業所が「日常生活動作の自立」や「社会性やコミュニケーションスキルの獲得・向上」のための支援を実施している（森地他，2019）。事業所の特色により多種多様な支援が行われているが、質の高い効果的な発達支援の提供が大きな課題となっている。

　放課後等デイサービス事業は、その設置数が急拡大する中で、事業所間で支援の質に開きがあることが指摘され（厚生労働省，2014）、支援の質向上のための基本的事項を示したガイドラインが策定されている（厚生労働省，2015）。しかし、その後に実施された調査（みずほ情報総研株式会社，2020）では、約4割の自治体または事業所が支援の質の向上を担う職員の育成に困難を感じていることが明らかになった。

　このような現状において発達支援の質を向上させるためには、エビデンスに基づく支援方法を選択し、それを実践現場において効果的かつ継続的に実行できるように運用することが重要である（山本・澁谷，2009）。エビデンスに基づく支援の運用には、実行すべき支援技術の明確化と、その技術を現場職員が習得し日常的に実践するためのトレーニングが欠かせない。

　Snyder et al.（2015）は、支援技術の明確化とトレーニングを組み合わせた実践に基づくコーチング法（practice-based coaching：以下、PBC）を開発

し、PBC がエビデンスベースの発達支援を実践現場で実行するための伝達機構として機能することを示している。PBC は、実践家の効果的な支援の実行を支える循環的なプロセスであり、コーチと受け手との間の協働的な関係性を基盤として、目標の共有と計画、焦点化した観察、フィードバックから構成される（Snyder et al., 2015）。特に専門性を向上させるため、コーチングを日常業務の中に位置づけることを重視する。この文脈に関する実証研究として松崎・山本（2015）は、児童発達支援事業所の保育士 2 名を対象に、講義、オンザジョブトレーニング（OJT）、ビデオフィードバック（video feedback：以下、VF）からなる介入プログラムを実施した。その際、応用行動分析に基づく発達支援技術をリスト化し、トレーニングを行った。結果、10 週間にわたる介入により保育士の支援技術の向上がみられた。また、参加児童の質問紙で評定された言語発達および社会性発達の評価が向上し、観察により測定した問題行動が減少したことが報告されている。

これらの知見から、PBC が支援者の支援技術の向上を介して発達支援の質を高める可能性が示されているが、放課後等デイサービスにおける発達支援への PBC の効果は検討されていない。とりわけ、多くの事業所が実施する社会性・コミュニケーション支援に焦点をあてた検討が必要である。エビデンスに基づく社会性・コミュニケーション支援として、ソーシャルスキルトレーニング（social skills training：以下、SST）が学校等において発達障害児に広く実施され有効性が示されている（Gates et al., 2017）。PBC がエビデンスベースの支援の運用を支える方法であるならば、PBC に基づくスタッフトレーニングは SST の支援技術を高めることができると考えられる。また、スタッフによる支援技術の向上は、利用する児童のスキル習得の促進につながらなければならない。しかし、松崎・山本（2015）の研究では問題行動のみを行動指標により測定しており、児童のスキル習得に対するスタッフトレーニングの効果は十分に検討されていない。そのため，児童のスキル習得に対する効果についても行動データを用いて確かめる必要がある。

以上のことから、本研究では放課後等デイサービスのスタッフを対象に PBC に基づくスタッフトレーニングを実施し、支援スタッフの SST 支援技術に対する効果について、児童のスキル習得の変化もふまえて検討することを目的とした。

Ⅱ．方　法

1.　実施期間および場所

本研究は、20XX 年 6 月 17 日から 12 月 21 日までのおよそ 6 カ月間に放課後等デイサービス事業所 A（以下、事業所 A）で実施した。事業所 A に対しては、発達障害者支援センターに所属する第一著者（研究開始時）および第二著者が約 5 年間にわたりコンサルテーション等の連携をしていた。事業所 A では、保育士や社会福祉士等の支援スタッフ 10 名が、集団 SST を中心とした発達支援を実施していた。スタッフの 1 名は、児童発達支援管理責任者としてサービス提供に関する全般的な管理と職員を指導・育成する役割を担っていた。

2.　参加者の募集と倫理的配慮

事業所を利用する児童の保護者と事業所のスタッフに対して研究への参加の依頼を行った。参加を希望した保護者およびスタッフに対して、研究説明書により研究の目的と方法、個人情報の保護、発表方法等について説明し、同意の署名を得たうえで本研究を開始した。本研究の手続きは、第二著者が所属する研究倫理委員会の審査と承認を受けた。

3.　参加者

（1）支援スタッフ

支援スタッフ 1 名（以下、スタッフ B）が参加した。スタッフ B は 20 歳代の女性であり、研究開始時の勤務経験は 2 カ月であった。スタッフ B はこれまでに SST の実施経験がほとんどなく、クラス運営と SST の円滑な実施に困難を感じていた。児童発達支援管理責任者もスタッフ B の指導技術の向上を課題としており、スタッフ B へのサポートについて第一著者に相談がなされた。そこで、スタッフトレーニングの方法について検討し、スタッフ B の同意を得たうえで本研究が実施された。

（2）トレーナー役スタッフ

参加事業所の児童発達支援管理責任者であるスタッフ 1 名（以下、児発管 C）が、介入プログラムの主たるトレーナーの役割を担った。児発管 C は 40 歳代の女性であり、勤務年数は 7 年であった。SST についての専門的知識と事業所での十分な実践経験を備えていた。

（3）参加児童

　スタッフ B が主担当である 2 つの SST クラスには児童 11 名が所属していた。クラス 1 には 5 名（男児 4 名、女児 1 名、平均年齢 7.8 歳、範囲：7 〜 9 歳）が、クラス 2 には 6 名（男児 6 名、平均年齢 7.3 歳、範囲：7 〜 9 歳）が所属した。児童は、医師より自閉症スペクトラム障害や知的障害を伴う自閉症等の診断を受け、療育支援の必要性を指摘されていた。11 名の参加児童のうち 10 名は WISC-IV または新版 K 式発達検査 2001 を受けており、それぞれ全検査 IQ の範囲（3 名）が 92 〜 105、全領域の発達指数の範囲（7 名）が 37 〜 92 であった。全ての参加児童は、事業所 A に週 1 回通所し SST を受けていた。事業所 A におけるグループ SST は、コーチング法に基づいて構造化された方法で実施され、児童はスキルの習得に個人差があるものの毎回の活動におおむね積極的に参加し、逸脱行動はほとんどみられなかった。

4．介入プログラム

　介入プログラムは、SST 支援技術に関する講義、SST プログラム指導案の事前チェックおよび行動リハーサル、SST の支援技術チェックリストによるフィードバック（checklist feedback：以下、CF）、VF により構成した。なお構成要素のうち、講義のみを第一著者が担当し、毎回の指導案の事前チェックおよび行動リハーサル、CF、VF は、児発管 C が日常業務の中で実施した。

（1）SST 支援技術に関する講義

　60 分の講義を 1 回実施した。講義内容には、SST を実施する際に必要となる支援技術リスト（以下、SST 技術リスト；表1）、支援の評価と改善に関する説明が含まれた。

　SST 技術リストは、松崎・山本（2015）の発達支援に関する支援技術リストと Collet-Klinberg（2009）のグループ SST 実施チェックリストに基づき作成した。本研究では、松崎・山本（2015）の 40 項目のリストに、SST を効果的に行うために必要と考えられる支援技術 9 項目を加えた合計 49 項目のリストを作成した。SST 技術リストは（a）環境整備、（b）先行刺激の提示方法（以下、先行刺激）、（c）課題設定、（d）強化刺激の提示方法（以下、強化刺激）、（e）問題行動への対応、（f）SST 支援要素の 6 モジュール、各 3 〜 13 項目を含むものであった。

（2）指導案の事前チェックおよび行動リハーサル

　スタッフ B が作成した 1 セッション分の SST 指導案を児発管 C が事前に確認し、全体の流れや課題設定等についてフィードバックした。事前チェックは、介入期間中に合計 33 回（クラス 1：17 回、クラス 2：16 回）実施した。行動リハーサルは、スタッフ B が支援開始前に実施し、児発管 C から SST 技術リストに基づくモデリングや助言を受けた。行動リハーサルは、介入期間中に合計 11 回（クラス 1：6 回、クラス 2：5 回）実施した。

（3）チェックリストフィードバック（CF）

　セッション実施後 2 日以内に、児発管 C がスタッフ B の支援のビデオ映像から SST 技術リストによる評価を単独で行い、その後の指導準備の時間にできていた指導技術項目と改善が必要な項目の評価結果をスタッフ B に対してフィードバックした。フィードバックは、児発管 C が評価済みの SST 技術リストをスタッフ B に手渡し、スタッフ B からの質問などがあったときにはそれに応じるという形式であった。所要時間は 5 〜 10 分程度であった。CF は期間中に合計 30 回（クラス 1：17 回、クラス 2：13 回）実施した。

（4）ビデオフィードバック（VF）

　セッション実施後 2 日以内に約 1 時間の VF を行った。VF では、指導準備時間に児発管 C とスタッフ B がトレーニング場面の映像を一緒に見て支援を振り返り、SST 技術リストを基にフィードバックを行った。具体的には、先行刺激や強化方法等についてフィードバックした（例えば、「この言語指示の出し方は明瞭だったので子どもたちはよく聞いていた」「ここで子どもが少しでも取り組んだことをほめられるとよい」）。VF は合計 18 回（クラス 1：5 回、クラス 2：13 回）実施した。

5．研究デザイン

　対象の 2 クラスについて、クラス間多層ベースラインデザインによる検討を行った。なおクラス 1 では介入期を全ての介入要素を含む介入 1 期と、VF を除いた介入 2 期に分けて実施した。本研究では、クラス 1 への介入実施中にクラス 2 の支援についてもトレーニングのニーズが明らかになり、後続して介入を導入した。その際、業務の中で 2 クラスの VF を同時期に行う時間の確保が困難であったため、クラス 1 での SST 技術の向上を確認したうえでクラス 2 の介入プログラムを実施した。

表1　SST技術リスト

環境整備（8）
1　子どもの座り方（床座り、椅子）や座る位置を、支援がしやすいように設定し、準備することができる
2　保育士（支援者）の座る位置、テーブル、椅子の配置を適切に準備できる
3　必要であれば保護者の座る位置を調整したり、補助の保育士（支援者）と役割分担ができる
4　子どもがセッション全体の見通しを立てられるように、各課題のスケジュールを示すことができる
5　学習目標にあった教材を選択し準備できる
6　教材を置く場所、使う位置が適切である
7　使っていない教材を置く場所が適切である
8　活動の終わりがわかりやすいよう、かごや整理箱などを用いて、物品の置き方を工夫することができる

先行刺激の提示方法（10）
9　子どもの注意をひくときの声の高さ、強弱、速さ、タイミングが適切である
10　子どもの注意をひくときの教材の使い方（遊び方のモデルを見せて子どもの興味をひく、子どもの知らない遊び方を示す、わざとすべてを渡さず少しずつ渡すなど）が適切である
11　子どもの注意をひくための教材の見せ方（子どもの視野内で教材を見せる、わざと視野外に差し出す、ジャジャーンなどの効果音をつけて提示する）が適切である
12　子どもの注意をひくために、表情やジェスチャーなどの強さ、タイミングが適切である
13　子どもの注意をひいてからタイミングよく指示を出すことができる
14　子どもの注意を持続させるよう、刺激に強弱をつける、速さを変える、活動にバリエーションをもたせることができる
15　子どもが教材や活動に興味を示していなければ即座に活動を変更したり、ターゲット行動を変更できる、集団の場合には子どもに合わせたターゲット行動を選択できる
16　先行刺激（指示）は明確である
17　言語刺激はゆっくり、はっきり、子どもの理解できる言葉で出している
18　子どもの反応に応じて（必要であれば）先行刺激の出し方を変化させることができる（子どもの反応を見ながら先行刺激を変更することができる。例えば「一緒にして」を「同じにして」など）

課題設定（13）
19　同じ活動でも、学習状況や子どもの様子に合わせて、楽しませながら学習させることができる（子どものモチベーションを維持できる）
20　ターゲット行動の難易を必要に応じて変更することができる
21　既習得課題と未習得課題をバランスよく提示することができる
22　子どもの覚醒水準をモニターでき、必要であれば覚醒水準を制御するような刺激提示や課題設定ができる
23　時間当たりの学習機会数を最大化することができる
24　選択の機会を与えることができる
25　未習得課題に対し、適切にプロンプトを与えることができる
26　最小限のプロンプトに行動を引き出すことができる
27　課題間の時間が適切である（間延びしていない、早すぎないなど）
28　子どもから目を離す時間が最小限である
29　子どもの姿勢やポジショニングに配慮し、必要に応じて修正することができる
30　子どもが各課題実施中に見通しが立てられるように、スケジュールを随時示すことができる
31　時間遅延をかけることができる（子どもの反応を待つことができる）

強化刺激の提示方法（6）
32　行動の直後に強化ができる
33　子どもの行動に関連した強化ができる
34　明確に強化できる
35　試み行動を強化できる
36　強化刺激の効果をモニターし、強化方法を変更することができる
37　強化刺激として逆模倣を行うことができる

問題行動への対処（3）
38　子どもが部屋から出ていこうとすることを予防することができる（または防止の方法が的確である）
39　問題行動（唾を吐く、物を投げる）があれば的確に対処できる
40　母親から離れないとき、適切に対処できる

SST支援要素（9）
41　学習する社会的スキルの内容と必要性についての説明を行っている
42　学習する社会的スキルについての適切なモデルを提示している
43　学習する社会的スキルを構成する具体的な行動要素（ポイント）を明確に示している
44　学習する社会的スキルの実技練習の機会を設定している
45　実技練習を行う場面は子どもに合わせて多様である（例：2つ以上の異なる場面設定がなされている）
46　子どもの実技練習の際に、できている点の具体的なフィードバック・賞賛を行っている
47　子どもの実技練習の際に、修正や改善が必要な場合は、そのことについてフィードバックを行っている
48　子どもの実技練習の際に、修正や改善のフィードバックを行った場合には、再度同様の実技練習の機会を設定している
49　学習した社会的スキルに関するクラス外（家庭、学校など）の課題を提供している（般化のための方略）

表 2　社会的妥当性に関する調査の結果

質問項目	回答
児発管 C	
取り上げた標的行動(SST 支援技術)は、支援スタッフが発達支援を提供する上で重要なことであると思いますか？	5
支援スタッフにとって取り組みやすかったと思いますか？	3
あなたにとって、この手続きを実施するのは負担でしたか？	2
あなたにとって、支援スタッフの支援（SST）をチェックして記録するのは負担でしたか？	2
支援スタッフに良い変化はあったと思いますか？	5
あなたは、この手続きの使用を他の支援者にも勧めたいと思いますか？	5
あなたは、今後同じような問題があったときに、この手続きを使用したいと思いますか？	4
スタッフ B	
あなたにとって、この研修プログラムを実施するのは難しかったですか？	4
あなたにとって、この研修プログラムは理解できるものでしたか？	4
あなたにとって、この研修プログラムの実施期間は適切でしたか？	4
あなたはこの研修プログラムに満足していますか？	4
あなたは、この研修プログラムを他の支援者にも勧めたいと思いますか？	5

注) 評定項目は、「1：全くそう思わない」「2：そう思わない」「3：どちらともいえない」「4：そう思う」「5：とてもそう思う」。

6．評価方法

(1) 支援スタッフに対する評価

スタッフ B が担当する 2 クラスの SST セッション場面をそれぞれ週 1 回、1 セッション約 20 〜 50 分間ビデオ撮影した。合計 39 セッションの映像について、SST 技術リストを用いて児発管 C（第一観察者）が評価した。SST 技術リストの各項目につき「できる：1 点」「できない：0 点」「該当なし」として得点化し、合計得点を評価対象となった項目数で除し、得点率（％）を算出した。

(2) 社会的妥当性

介入の実施後に児発管 C およびスタッフ B に社会的妥当性に関するアンケート調査を実施した（表 2）。いずれの調査も選択式と記述式の項目からなり、記述式の項目では参考になった点や難しかった点について自由回答を求めた。児発管 C 対象の調査の選択式質問項目は、大久保ら（2020）の調査と介入受容性を測定する尺度である Intervention Rating Profile-15 の日本語版（以下、日本語版 IRP-15；若林・加藤,2009）を参考にして作成した。スタッフ B への質問項目は、松崎・山本（2015）と日本語版 IRP-15（若林・加藤，2009）に基づき作成した。いずれも「全くそう思わない」から「とてもそう思う」の 5 件法で回答を求めた。

(3) 児童のソーシャルスキル習得度

事業所 A では本研究実施前から、児童がセッションで学んだ標的スキルをどの程度習得できたかについて、セッションごとにテスト場面を設定しスタッフが行動観察により確認していた。行動観察では、スキルを構成する具体的要素（例えば挨拶スキルの場合、相手の顔を見る、聞こえる声の大きさ、状況に合った挨拶の言葉、状況に合ったジェスチャー）の実行をそれぞれ「1：できた」か「0：できなかった」で評定した。そして、実行したスキルの要素数を全体の要素数で除した値をソーシャルスキル習得度として算出していた。本研究においても児童への効果指標としてソーシャルスキル習得度を用いた。

7．データの信頼性

SST 技術リストによる評価について、全体のセッション数の 30.8％（12 セッション）の映像を第二観察者（第一著者）が独立して行動観察を行い、評価者間の一致率（2 名の評価が一致した項目数÷評価項目数× 100）を算出した。その結果、一致率は平均 86.1％（$SD = 5.63$）であった。

Ⅲ．結　果

1．支援スタッフの SST 支援技術

SST 技術リスト全項目の得点率を図 1 に、モジュールごとの得点率を図 2 に示した。問題行動への対処は、問題行動の生起頻度が低く（クラス 1：2 回、クラス 2：4 回）、分析から除外した。

19

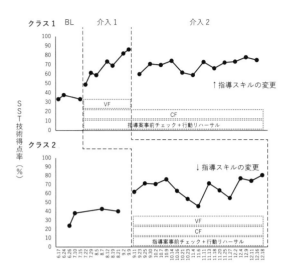

図1　SST技術チェックリスト全項目の合計得点率の推移

　ベースライン期（以下、BL期）における合計得点率は、いずれのクラスにおいても30％から40％台で推移した（クラス1：平均34.8％、クラス2：平均36.1％）。クラス1の介入1期においては、介入プログラムの導入後に合計得点率が80％を超える水準まで上昇した（平均68.5％）。続く介入2期では、得点率は約60％から80％までの間で推移した（平均69.2％）。後続して介入プログラムを導入したクラス2では、プログラム導入後から得点率は上昇し、期間中に下降傾向を二度示しながらも、最終のデータポイントでは79.6％（平均65.7％）を示した。

　モジュール別の得点率では、BL期において特に得点率の低かったモジュールは、先行刺激（クラス1：平均0％、クラス2：平均10％）、課題設定（クラス1：平均23.1％、クラス2：平均21.2％）、強化刺激（クラス1：平均20％、クラス2：平均15％）であり、クラス間で大きな違いはみられなかった。介入期では、いずれのクラスにおいても全てのモジュールで得点率の上昇がみられた。特に先行刺激と課題設定の得点率は、クラス1の介入1期で大きく上昇した。しかし、先行刺激の得点率はクラス1の介入2期およびクラス2の介入期において、変動が他のモジュールよりも大きく、比較的低い水準（平均得点率：クラス1介入2期50.4％、クラス2の介入1期49.3％）で推移した。また、強化刺激の得点率は、介入期において上昇がみられたものの、低い水準で推移した（平均得点率：クラス1介入1期37.1％、クラス1介入2期38.3％、クラス2の介入1期32.3％）。SST支援要素は、先行して介入を行ったクラス1における得点率の上昇に伴って、クラス2のBL期においても得点率

の上昇傾向が見られた。また、クラス1ではフルパッケージのプログラムによる介入1期からVFの要素を除去した介入2期にかけて、先行刺激と課題設定のモジュール別の得点率が比較的大きく減少した。これらのモジュールの項目を検討した結果、環境設定の項目5、先行刺激の項目18、課題設定の項目20、21、25、26、29、31において、BL期から介入1期にかけて得点率が上昇し、かつ介入1期から介入2期にかけて得点率が減少した。

2．スタッフトレーニングプログラムの社会的妥当性

　社会的妥当性に関する評価の結果を表2に示す。児発管Cによる評価では、標的行動の重要性、スタッフBに対する効果、他の支援者への推奨の項目に「とてもそう思う」と回答し、今後の使用については「そう思う」、負担については「そう思わない」と回答した。一方で、対象スタッフにとっての取り組みやすさについては「そう思わない」と回答した。この点について記述式の回答から、経験年数の短いスタッフBにとっては難易度が高い項目がSST技術リストに含まれていたことの指摘があった。

　スタッフBによる評価では、他の支援者への推奨の項目に「とてもそう思う」と回答し、プログラムの理解、実施期間の適切さ、満足に関する項目において「そう思う」と回答した。プログラムの実施の難しさを尋ねた項目には「そう思う」と回答した。自由記述からは、ビデオフィードバックがSSTの改善に役立ったが、時間の確保と児童の様子に合わせて臨機応変に対応することの難しさが挙げられた。

3．児童のソーシャルスキル習得度

　児童のソーシャルスキル習得度について、系統的な変動がみられなかったため、BL期、介入期のそれぞれ最終4セッション分（ただし、クラス1のBL期のみ3セッション分）の平均値を児童ごとに算出した（表3）。ほとんどの児童のソーシャルスキル習得度がBL期から.80以上であり、介入期においても高い水準で維持された。BL期に.80以下の習得度が比較的低かった2名の児童は、介入期に上昇を示した。

IV．考　察

　本研究の目的は、放課後等デイサービス事業所において支援スタッフのSST支援技術を高める

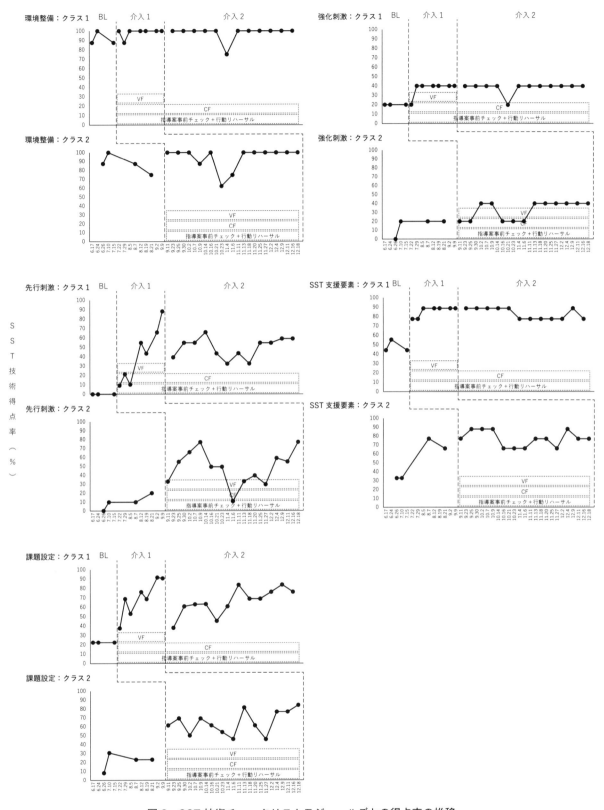

図 2　SST 技術チェックリストモジュールごとの得点率の推移

表3　BL期および介入期における
児童のソーシャルスキル習得度

	BL期	介入1期	介入2期
クラス1			
a	1.00	1.00	1.00
b	0.83	0.81	0.95
c	0.92	1.00	1.00
d	1.00	1.00	1.00
e	0.92	0.94	0.85
M	0.93	0.95	0.96
SD	0.07	0.08	0.07
クラス2			
f	1.00	0.95	
g	0.95	0.90	
h	0.80	0.90	
i	1.00	0.90	
j	1.00	1.00	
k	0.70	0.85	
M	0.91	0.92	
SD	0.13	0.05	

PBCに基づくトレーニングプログラムを実施し、その効果を検討することであった。その結果、介入プログラムの導入により、支援スタッフの支援技術の向上が示された。参加児童のソーシャルスキル習得度は、介入の実施前から高い水準を示し、介入後も概ね維持された。

　支援スタッフのSST支援技術は、先行して介入を行ったクラス1において講義型研修の実施後、すぐに向上するのではなくVFなど他の介入要素の実施に伴って徐々に得点が上昇した。また、後続して介入を実施したクラス2のBL期では、講義型研修後、約8週間が経過してもほとんど得点率は上昇しなかった。これらの結果から、SST支援技術向上のためには、講義型の研修だけでなく、継続的な行動リハーサルおよび実践へのフィードバックが必要であった可能性が示された。この結果は、発達支援技術の向上に対して、OJTやビデオフィードバック等の支援の効果を示した松崎・山本（2015）の実証的な研究結果と一致する。また、本研究では事業所の児童発達支援管理責任者がトレーナーとしてスタッフに対するコーチングを行った。本研究のトレーナーは、本プログラムの実施前から児童発達支援管理責任者の業務としてトレーニーであるスタッフに対する指導・育成を行っていた。施設内でスタッフに対する指導・育成の役割を担うトレーナーが、日々の実践の中でPBCに基づく介

入を行うことで、施設内での持続可能な体制づくりにつながったと考えられる。

　SST支援技術をチェックリストのモジュール別にみると、得点率の推移はモジュール間で異なっていた。安定した得点率の向上を示したモジュールは、環境整備およびSST支援要素であった。これらのモジュールの中でも、目標に合った教材選択（項目5）や子どもの実技練習での具体的かつポジティブなフィードバック（項目46）の得点が顕著に上昇した。また、課題設定に関して子どもの学習機会の最大化（項目23）のスキルが大きく上昇した。これらの支援技術は、SSTセッションの事前計画と練習によって実行しやすくなるものであり、本介入プログラムが効果をもたらしやすい側面を反映していると考えられる。

　先行刺激の得点率については、項目によって変動の仕方が異なった。視覚刺激の提示の際に子どもの注意をひくスキル（項目番号11、12）は大きく向上したが、言語指示提示の際の注意喚起（項目13）や、標的行動の柔軟な変更（項目15）のスキルはほとんど上昇しなかった。さらに、強化刺激は2クラスともに得点率が低い水準で停滞した。項目別では、即時の強化（項目32）や具体的な行動の強化（項目33）は上昇がみられたが、試み行動の強化（項目35）や強化のバリエーション（項目36）は上昇しなかった。このことから、児童の反応に合わせた即時の対応が求められる先行刺激や強化刺激の支援スキルについては本介入では十分に向上させることができず、松崎・山本（2015）と異なる結果となった。その要因のひとつとして、SST技術リストにおける当該モジュールの項目の記述には「強化できる」「タイミングが適切である」など子どもの反応をふまえた抽象的な表現が多く、そこに含まれるべき具体的かつ多様な支援技術のトレーニングが難しかった可能性が考えられる。特に、児童のロールプレイや行動リハーサルなどの多様な活動を含むグループSST場面では、進行する支援スタッフは同時に多くのことに注意を払いながら対応する。こうした文脈における支援技術に対しては、実際の支援場面の中でトレーナーが子どもへのほめ方や指示のタイミングなどをトレーニーに対してモデリングしたり、プロンプトを与えたりするなどの方法（松崎・山本，2015）が介入要素として必要であるかもしれない。また介入要素の改善だけでなく、トレーニーの反応に応じて多層的に介入の強度を高める枠組み（response to intervention；Myers et al., 2011）の有

効性も報告されており、今後の検討が期待される。

　複数の要素を含む介入パッケージを用いた場合、特定の介入要素の有効性の検討も重要である。本研究の結果からは、支援技術の改善に対するVFの有効性についての示唆が得られた。クラス1の結果において、フルパッケージの介入1期からVF要素を除去した介入2期にかけて、先行刺激と課題設定の得点率が比較的大きく減少した。項目の分析から、子どもの反応に応じて先行刺激や課題の提示・設定を行うスキル（項目5、18、20、21）や、プロンプトに関するスキル（項目25、26）には、特にVFが効果的であった可能性が示唆された。本研究では実施上の制約から介入要素を変更したが、今後は介入要素の分析がより明確にできる実験デザインによる検証が必要である。例えば、介入要素を計画的に追加あるいは除去する手続き（Barlow & Hersen, 1984）と支援技術の変化との機能的関係を検討することで、どの要素がどの支援技術に変化をもたらすかを明らかにすることができるであろう。

　本研究の限界点について検討する。1点目は、児童のソーシャルスキルの評価である。本研究においてSSTセッション内の行動データに基づく児童のスキル習得度は高い水準を示したが、天井効果により介入に伴う変化を検証できなかった。今後は、スタッフトレーニングの実施前に児童のソーシャルスキルのアセスメントを行ったうえでSSTの標的スキルを設定することで、取り組みの効果をより明確に検証できると考えられる。2点目は、本研究で用いたSST技術リストの妥当性の検証である。SST支援技術を高めることが児童への効果的な支援につながるとすれば、特に児童のスキル習得とSST支援技術の関連を検討した基準関連妥当性の検証が必要である。発達障害児に対するSSTは教育や福祉等の現場において広く実施されるようになり、その実施形態も多様である。ソーシャルスキルを高める支援技術を明確にすることは、介入実行度の高いSSTを児童に届けるために重要な課題である（Maag, 2006）。3点目に、スタッフトレーニングをコンサルテーションにより間接的に行う場合、実践現場のトレーナーがプログラムに即してどの程度正確に介入を行うことができたかという介入厳密性の測定とフィードバックも重要であったと考えられる。このことにより、PBCに基づくトレーニングがより正確に実施され、有効性を高めることが期待できる。さらに、これらのサポートは現場のトレーナーによる社会的妥当性の評価を高めることにもつながると

考えられる。

　発達支援の質の向上のためには、エビデンスに基づく支援とその効果的かつ継続的な実行を可能にする条件を明らかにする必要がある。今後も行動的なアプローチにより、障害のある子どもや家族が身近な場所で効果的な支援を受けられる環境の構築への寄与が期待される。

　謝辞：本実践を進めるにあたり、対象児とその保護者、社会福祉法人希望の家の蓬莱元次理事長ならびに職員の方々に多くのご協力をいただきました。心より感謝申し上げます。

〈文　献〉

Barlow, D. H. & Hersen, M.（1984）Single Case Experimental Designs: Strategies for Studying Behavior Change（2nd Ed.）. New York: Pergamon Press.（高木俊一郎・佐久間徹監訳（1993）一事例の実験デザイン．二瓶社．）

Collet-Klinberg, L.（2009）Implementation Checklist for Social Skills Groups. In Steps for implementation: Social Skills Groups. Madison, WI: The National Professional Development Center on Autism Spectrum Disorders, Waisman Center, University of Wisconsin.

Gates, J. A., Kang, E., & Lerner, M. D.（2017）Efficacy of group social skills interventions for youth with autism spectrum disorder: A systematic review and meta-analysis. Clinical Psychology Review, 52, 164-181.

厚生労働省（2014）今後の障害児支援の在り方について（報告書）, https://www.mhlw.go.jp/file/05-Shingikai-12201000-Shakaiengokyokushougaihokenfukushibu-Kikakuka/0000051490.pdf（2021年5月31日閲覧）.

厚生労働省（2015）放課後等デイサービスガイドライン, https://www.mhlw.go.jp/file/05-Shingikai-12201000-Shakaiengokyokushougaihokenfukushibu-Kikakuka/0000082829.pdf（2021年5月31日閲覧）.

厚生労働省（2021）統計資料―障害福祉サービス、障害児給付費等の利用状況について（令和3年5月31日）, https://www.mhlw.go.jp/content/0302_01.pdf（2021年6月5日閲覧）.

Maag, J. W.（2006）Social skills training for students with emotional and behavioral disorders: A review of reviews. Behavioral Disorders, 32, 5-17.

松崎敦子・山本淳一（2015）保育士の発達支援技術向
上のための研修プログラムの開発と評価．特殊教育
学研究, 52, 359-368.

みずほ情報総研株式会社（2020）厚生労働省 令和元
年度障害者総合福祉推進事業 放課後等デイサー
ビスの実態把握及び質に関する調査研究報告書,
https://www.mizuho-ir.co.jp/case/research/pdf/
r01shogai2019_04.pdf（2021 年 6 月 3 日閲覧）.

森地　徹・大村美保・小澤　温（2019）放課後等デイ
サービスにおける支援の現状に関する研究．障害科
学研究, 43, 117-124.

Myers, D. M., Simonsen, B., & Sugai, G.（2011）
Increasing teachers' use of praise with a
response to intervention approach. Education and

Treatment of Children, 34, 35-59.

大久保賢一・月本　彈・大対香奈子他（2020）公
立小学校における学級規模ポジティブ行動支援
（SWPBS）第 1 層支援の効果と社会的妥当性の検
討．行動分析学研究, 34, 244-257.

Snyder, P. A., Hemmeter, M. L., & Fox, L.（2015）
Supporting implementation of evidence-based
practices through practice-based coaching. Topics
in Early Childhood Special Education, 35, 133-143.

若林上総・加藤哲文（2009）通常学級における集団随
伴性適用への教師の介入受容性―小・中・高等学校
間の比較から．行動科学, 48, 47-55.

山本淳一・澁谷尚樹（2009）エビデンスに基づいた発
達障害支援―応用行動分析学の貢献．行動分析学研
究, 23, 46-70.

Effect of practice-based coaching for promoting social skills training techniques of after-school daycare service staff

Katsunori Takeshima（Mukogawa Women's University）
Yoshihiro Tanaka（Osaka Shoin Women's University）

Abstract: We implemented an intervention program using Practice-Based Coaching（PBC）to promote techniques for Social Skills Training（SST）of after-school daycare services staff and examined the program's efficacy. The program included lectures on strategies for supporting SST, pre-checking and behavior rehearsal of instructional plans, feedback based on checklists, and video feedback, implemented during daily support practices. The results indicated that introducing the intervention program improved the staff's techniques for SST. Furthermore, the program had a certain level of social validity, confirmed by the participating support staff and the managerial staff who conducted the training. This study supported the efficacy of staff training based on PBC. However, the study also indicated the need for further exploration of more effective intervention methods, especially concerning skills of presenting antecedent and reinforcement stimuli tailored to children's responses.

Key Words : after-school day service, practice-based coaching, social skills training

The Japanese Journal of Autistic Spectrum 2023, Vol.21-1, 25-33

実践研究

知的障害を伴う自閉スペクトラム症児に対する疑問詞質問への応答スキルの指導が場面般化に及ぼす効果

Situational generalization of skills for response to interrogative questions taught to children with intellectual disabilities and autism spectrum disorder

西岡　夏妃（徳島県立国府支援学校）

Natsuki Nishioka（*Kokufu Special Needs Education School*）

岡村　章司（兵庫教育大学大学院特別支援教育専攻）

Shoji Okamura（*Department of Special Needs Education, Hyogo University of Teacher Education*）

朝岡　寛史（広島大学大学院人間社会科学研究科）

Hiroshi Asaoka（*Graduate School of Humanities and Social Sciences, Hiroshima University*）

■要旨：本研究では、疑問詞質問に部分的に応答可能な知的障害を伴う自閉スペクトラム症児2名を対象に、松下・志村（2018）の手続きを用いて疑問詞質問への応答スキルの指導を行い、場面般化が成立するかどうかを検討した。まず遊び場面において、質問応答の実態を把握した。続く指導では、「人」「場所」「もの」の3要素を組み合わせた複数の刺激を用意し、その一部を用いる「マトリックス訓練」と誤反応生起時に正反応を口頭でフィードバックし、対象児に模倣させる「音声フィードバック訓練」が導入された。その結果、「だれ」「どこ」「なに」の疑問詞質問への適切な応答が促進され、未訓練の刺激に対しても般化が示された。また遊び場面や日常生活場面への般化では、遊びや疑問詞の種類によって質問応答の適切さが異なった。以上の結果を踏まえ、場面般化に及ぼす要因が考察された。

■キーワード：自閉スペクトラム症、質問応答、マトリックス訓練、音声フィードバック訓練、場面般化

Ⅰ．問題の所在と目的

　自閉スペクトラム症（autism spectrum disorder；以下、ASD）の特徴として、対人コミュニケーションの困難さおよび限局的・反復的な行動や興味のパターンが挙げられる（American Psychiatric Association, 2013）。それに付随して、ASD児において疑問詞質問（Wh-question）に応答することの困難さ（Cadette et al., 2016）や応答可能な疑問詞の種類が少ないことが指摘されている（大原・鈴木，2004）。これらのことから、ASD児に対して疑問詞質問への応答（以下、質問応答）スキルを形成するための指導手続きの開発が進められてきた。

　応用行動分析学の観点からは、主に「マトリックス訓練」「視覚的プロンプト訓練」「音声フィードバック訓練」を組み合わせた指導研究が行われている。

　井上ら（1999）では、誤反応が生起した場合に「違うよ」と言って正反応の音声モデル（例えば、「階段」）を示して模倣させるという音声フィードバック訓練が導入された。その効果が十分に認められない対象児に対しては、視覚的プロンプト訓練が追加的に実施された。指導者は音声での質問と同時に各疑問詞に応じた疑問詞文字カード（例えば、「どこ」）を提示し、対象児は音声写真要素カード（人物・物・場所）を選択、命名した。その結果、すべての対象児が疑問詞質問に対する適切な応答行動を獲得し、未訓練の写真刺激への般化が成立した。原・小島（2006）においても音声フィードバック訓練と視覚的プロンプト訓練による指導効果が追認されている。

さらに、井上ら（1999）に対して般化促進をねらいとして、音声フィードバック訓練、視覚的プロンプト訓練にマトリックス訓練を組み合わせた研究が行われている。マトリックス訓練では、少数事例の訓練によって未訓練刺激への般化が促進されることが示されている。佐藤ら（2005）では、複数の人物と「本を読む」「コーラを飲む」「テレビを見る」という行為のすべての組み合わせから、少数の組み合わせ（例えば、「A先生が本を読む」）のみが指導で用いられた。訓練刺激に対して音声フィードバック訓練と視覚的プロンプト訓練が組み合わされ、質問応答スキルが形成された。その結果、未訓練の刺激（例えば、「C先生がコーラを飲む」）に対しても般化が認められた。また松下・志村（2018）は、指導場面においてマトリックス訓練と音声フィードバック訓練を組み合わせて導入することにより、疑問詞質問に対する適切な応答行動の反応率が上昇することを示した。

ところで、これらの先行研究では未訓練の刺激に対する般化（刺激般化）の成立は一定に示されているものの、日常生活場面への波及効果（場面般化）についてはデータが収集されておらず、指導場面にて実際場面を想定しての般化測定やエピソード的な記述に留まっている。具体的には、井上ら（1999）は実際場面を想定し、他者が行為する場面を対象児に観察させた後や対象児本人が行為した後に質問を行ったところ、般化が示された。また松下・志村（2018）は、保護者からの聞き取りによって日常生活場面への般化を確認した。家庭において、疑問詞を含む質問に対する反応はほとんどみられないが、以前よりはオウム返しや「はい」という返事よりも何らかの名称を答えることできるようなったことが報告されている。

井上ら（1999）と松下・志村（2018）の場面般化に関する知見を踏まえ、本研究では指導開始前に各疑問詞を含んだ質問に部分的に応答可能であるASD児に対しては、松下・志村（2018）の訓練を実施することで場面般化の成立が促進されるという仮説を立てた。部分的に応答可能であることは、「疑問詞質問」と「疑問詞に応じて答えること」の両者が不十分ながらも結び付いている状態と想定される。指導によって質問応答が確立され、日常場面においても適切な応答が促される、すなわち波及効果が期待されると考えた。なお、本研究では遊び場面と日常生活場面（手続きの「遊び場面における質問応答」「日常生活場面における質問応答」を参照）において、適切に応答することを「場面般化の成立」と定義した。どのような質問応答

の実態のあるASD児に対して、指導によって場面般化が成立しやすいかを検討することは先行研究の知見の拡大につながる。

そこで本研究では、松下・志村（2018）の知見を拡大するために、疑問詞質問に部分的に応答可能なASD児2名を対象にマトリックス訓練と音声フィードバック訓練を行い、どのような場面において般化が成立しやすいかを検討することを目的とした。

Ⅱ．方　法

1．対象児

幼稚園に在籍する女児1名（以下、A児）と知的障害特別支援学級に在籍する小学校1年生の男児1名（以下、B児）の2名を対象とした。

A児は、医療機関にて知的障害およびASDの診断を受けていた。生活年齢6歳1カ月時に実施した田中ビネー式知能検査Vの結果は、精神年齢3歳4カ月、IQ55であった。また、親面接式自閉スペクトラム症評定尺度テキスト改訂版（Parent-interview ASD Rating Scale-Text Revision；PARS-TR）の結果は、幼児期ピーク得点が35点、幼児期得点が25点であった。Vineland-Ⅱ適応行動尺度の結果は、コミュニケーション領域、日常生活スキル領域、社会性領域の得点がそれぞれ70点、54点、53点であった。指導開始前の質問応答の実態に関して、保護者からは「なに」「だれ」は適切に応答できることがあるものの、全般的に疑問詞の理解や表出が難しいとの報告を受けていた。例えば、「お名前は何？」と尋ねると「5歳」と答えるという誤反応や「お名前は何？」と質問をくり返すというエコラリアでの応答がみられた。

B児は、医療機関にて知的障害およびASDの診断を受けていた。生活年齢6歳2カ月時に実施した田中ビネー式知能検査Vの結果は、精神年齢4歳0カ月、IQ65であった。またPARS-TRの結果は、幼児期ピーク得点が38点、児童期得点が31点であった。Vineland-Ⅱ適応行動尺度の結果は、コミュニケーション領域、日常生活スキル領域、社会性領域の得点がそれぞれ62点、34点、47点であった。指導開始前の質問応答の実態に関して、保護者からは「なに」を用いた質問（例えば、「何を描いているの？」）には概ね適切に応答することができるが、質問者に注意が向いているかどうかや質問内容への興味の有無によって応答の適切さが変動するとの報告を受けていた。

ベースライン測定前において、A・B児ともに各疑問詞少なくとも1回は正反応が生起したため、本研究の対象として妥当であると判断した（図2・3参照）。

2. 倫理的配慮

研究実施に先立ち、A・B児の保護者に口頭と書面にて研究の目的や方法、研究成果の公表、個人情報の保護について説明を行った。加えて、研究への参加は協力者の自由意思によるものであり、参加しないことによって不利益を受けることがないことを説明して書面による同意を得た。

3. 期間および場所、指導者

X年5月～X+1年1月の9カ月間に、「遊び・指導場面における質問応答」はC大学内の施設において原則週1回1時間の個別指導のうち15分程度を用いて行われた。特別支援教育を専攻する学部生（第一著者）が指導にあたり、応用行動分析学を専門とする大学教員（第二・第三著者）が研究全体をスーパーバイズした。また、「日常生活場面における質問応答」は家庭において実施された。

4. 刺激

(1) 指導およびテストで用いた写真刺激

松下・志村（2018）と同様の刺激を用いた。表1に示すように、「人」「場所」「もの」の3要素を組み合わせた2種類の訓練刺激（例えば、表1内の①では「X先生が部屋でコップを持っている」）と6種類の般化刺激（例えば、表1内の「か」では「Y先生が階段でコップを持っている」）の合計8種類のA4サイズの写真カードを用いた。

(2) 非関連刺激般化テストで用いた写真刺激

C大学内の施設において、「お母さん（人）が部屋（場所）で絵本（もの）を読んでいる」「お母さん（人）が廊下（場所）でボール（もの）を持っている」の計2種類の写真カードを用いた。

(3) 写真要素刺激

指導およびテスト、非関連刺激般化テストで用いた「人」「場所」「もの」のすべての要素について、各要素を単独で撮影した写真カードを用いた。

5. 研究デザイン

少数事例実験計画法における対象者間多層ベースラインデザイン（Miltenberger, 2001）を用いた。A児とB児とで指導を開始する時期をずらすことにより、

表1　指導およびテストで用いた写真刺激の
マトリックス表

	X 先生		Y 先生	
部屋	コップ	ティッシュ	コップ	ティッシュ
	①	あ	い	う
階段	コップ	ティッシュ	コップ	ティッシュ
	え	お	か	②

①と②は訓練刺激を、「あ」から「か」は般化刺激を示す。

指導手続きの効果を分析した。

6. 従属変数

「指導および遊び場面における質問応答」では、質問応答の正反応率（％）と正反応数（回）を従属変数とし、以下の手順で分析した。疑問詞に応じて適切に応答することを正反応と定義し、正反応率は正反応が生起した試行数を1ブロック全体の試行数で除し、100を乗じて生起率を算出した。正反応数は疑問詞ごとに正反応が生起した回数をカウントした。「日常生活場面における質問応答」では、疑問詞ごとに質問内容をカテゴライズし、機会数と正反応数を分析した。

7. 手続き

以下の「指導場面における質問応答」の手続きは、松下・志村（2018）と同じであった。

(1) 指導場面における質問応答

①ベースライン

表1に含まれるすべての要素（例えば、「X先生」「コップ」）を適切に命名することを確立した上でベースライン（以下、BL）を測定した。BLにおいて、指導者は般化刺激を提示し、「持っているものは何？」といったように疑問詞を文末に置いて対象児に質問した。正誤のフィードバックは行わず、「頑張っているね」等と取り組みに対して適宜賞賛を行った。以上の一連の流れを1試行とし、1ブロック計18試行実施した。1ブロックは6つの般化刺激（表1の「あ」～「か」を参照）と「だれ」「どこ」「なに」の3つの質問の組み合わせ18種類で構成され、ひとつの組み合わせをランダムに提示していった。

②マトリックス訓練＋音声フィードバック訓練

表1を用いたマトリックス訓練を行った。1ブロック18試行で構成され、2種類の訓練刺激（表1の①および②を参照）と3つの質問の組み合わせ6種類を1ブロックで3回ずつランダムに提示した。①の刺激と「持っているものは何？」という質問の提示に対し

て「コップ」と応答するといったように、適切に応答することを正反応とし、正反応が生起した場合には言語賞賛やハイタッチ等を提示した。「X 先生」と誤反応が生起した場合、指導者は「コップ」と正反応を口頭でフィードバックして対象児に復唱させた。その直後に再試行し、正反応の場合は言語賞賛や身体的な関わりを提示した。誤反応の場合は「コップだね」と正反応を教示して次の試行に進んだ。3 ブロック連続で正反応率が 80％以上の場合、テストに進んだ。

③テスト

BL の手続きと同様に実施した。

④非関連刺激般化テスト

2 種類の非関連般化写真刺激と 3 つの質問の組み合わせ 6 種類を 1 ブロックで 3 回ずつランダムに提示した。刺激が異なる以外は BL と同様の手続きであった。

（2）遊び場面における質問応答

ベースライン測定前と非関連刺激般化テスト実施後に行った。遊び場面では質問者に保護者が加わった。具体的には指導者または保護者が質問者となり、絵本の読み聞かせとブロック遊びを対象児と行い、「だれ」「なに」「どこ」「どっち」「どのように」という疑問詞を含む質問と「Yes / No」で応答できる質問を行った。ブロック遊びでは指導者・保護者と対象児がそれぞれ好きなものを作った。1 回の機会に各遊びを 5 分間実施し、遊びの内容や展開に応じて質問した。その際、上記 6 種類の質問を最低各 1 回行った。

（3）日常生活場面における質問応答

指導終了後に、保護者に日常生活場面における質問応答の記録を依頼した。記録用紙は「だれ」「なに」「どこ」「どっち」「どのように」「Yes / No」という質問の種類ごとに「場面」「質問」「応答」「備考」を記入する欄が設けられていた。保護者は質問応答の機会が生じた際に、対象児に各疑問の合計が 10 回になるように質問した。

8．データの信頼性

第一著者（第一観察者）と応用行動分析学を学ぶ大学生（第二観察者）との間の一致率によって測定された。ランダムに 25％のブロックを抽出した。そして、第一・第二観察者が独立してビデオ映像を観ながら記録し、一致した正反応数を全正反応数で除し、100 を乗じて観察者間一致率を算出した。観察者間一致率は A・B 児とも 100％であった。

Ⅲ．結　果

1．指導場面における質問応答

図 1 に指導場面における質問応答の正反応率と疑問詞ごとの正反応数の内訳を示した。

（1）ベースライン

A 児の 1、2 ブロック目の正反応率はそれぞれ 17％、44％であった。また B 児の正反応率の範囲は 56 ～ 94％であった。

（2）マトリックス訓練＋音声フィードバック訓練

A 児の正反応率の範囲は 50 ～ 89％であり、上昇傾向がみられた。また B 児の正反応率の範囲は 56 ～ 100％であり、10 ブロック目以降に高い水準で安定した。

（3）テスト

A・B 児ともに正反応率は 100％であった。

（4）非関連刺激般化テスト

A 児の 10、11 ブロック目の正反応率はそれぞれ 89％、78％であった。「どこ」では C 大学の施設名を答える誤反応が生起した。B 児は 14 ブロック目の「だれ」「なに」に 1 試行ずつ誤反応が生起し、その他の試行ではすべて正反応が生起した。

2．遊び場面における質問応答

図 2 と図 3 にそれぞれ A 児と B 児の遊び場面における質問応答の結果を示した。

ベースライン測定前に絵本の読み聞かせとブロック遊びを行った際は、A・B 児ともに疑問詞の種類によらず誤反応が生起する傾向がみられた。また 2 つの遊びいずれかにおいて、各疑問詞少なくても 1 回は正反応が生起した。続いて、非関連刺激般化テスト実施後に指導者および両親と遊んだ際には、ベースライン測定前と比べて疑問詞全般において A・B 児の正反応数が増加した。さらに、遊びの種類による質問応答の全体的な傾向を分析するため、遊びごとに「ベースライン測定前」から「母親・父親と遊ぶ」までの期間全体を通した全正反応数を全反応数で除し、100 を乗じて正反応率を分析した。A 児の「絵本」「ブロック遊び」の期間全体の正反応率はそれぞれ 77％、64％であった。また、B 児の「絵本」「ブロック遊び」の正反応率はそれぞれ 83％、72％であった。両者ともに「絵本」が「ブロック遊び」より正反応率が高かった。

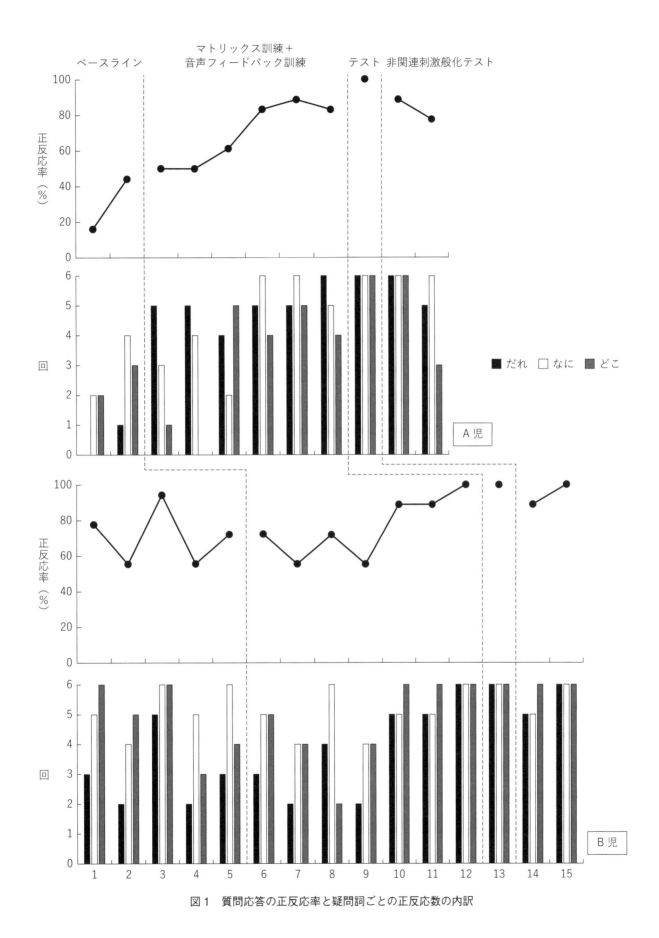

図1　質問応答の正反応率と疑問詞ごとの正反応数の内訳

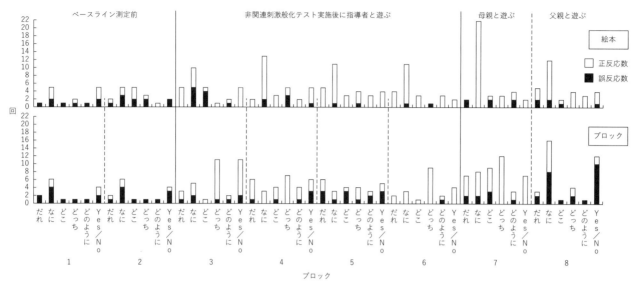

図2　A児の遊び場面における質問応答の結果

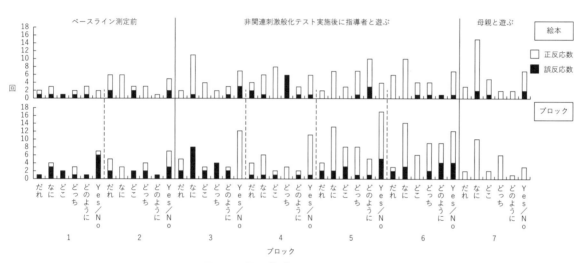

図3　B児の遊び場面における質問応答の結果

3．日常生活場面における質問応答

　表2に結果を示した。A児の「だれ」「なに」「どこ」「どっち」「どのように」「Yes／No」の正反応率はそれぞれ90％、100％、80％、100％、70％、100％であった。誤反応は「だれ？」に対して「ピンク」と答えるといったように質問と応答が一致しないものであった。B児の「だれ」「なに」「どこ」「どっち」「どのように」「Yes／No」の正反応率はそれぞれ100％、100％、100％、100％、70％、90％であった。誤反応のパターンはA児と同じであった。

Ⅳ．考　察

　本研究では、知的障害を伴うASD児2名を対象に、

松下・志村（2018）に基づく指導が場面般化に及ぼす効果を検討した。その結果、指導場面での質問応答の正反応率が高く安定し、遊び場面と日常生活場面における般化が部分的に成立した。これらの結果を踏まえ、般化に及ぼす要因を考察した。

　刺激般化、すなわち非関連刺激への般化が成立した要因について、対象児が「人」「場所」「もの」の3要素の刺激クラスを形成し、文を構造的に理解することが可能になったこと（松下・志村，2018）が示唆される。言い換えれば、写真刺激を用いたマトリックス訓練によって、対象児は多様な刺激の組み合わせを効率的に学習した（松下・志村，2018）と言える。また、非関連刺激への般化の成立は、マトリックス訓練を用いた佐藤ら（2005）と松下・志村（2018）の結果を、また音声フィードバック訓練を用いた井上ら（1999）

表2　日常生活場面における質問応答の結果

対象児	疑問詞	質問のカテゴリー	質問→正反応の例	機会数（回）	正反応率（%）
A児	だれ	遊ぶ／活動する相手	今日はだれと遊んだ？→○○ちゃん	10	90
	なに	遊びの内容	お友だちと何して遊んだ？→お砂	5	100
		食事のメニュー	お昼何だった？→カレー	2	
		日常生活のルーティン	今日何色のゴムで（髪を）くくる？→ピンク	3	
	どこ	外出先	今日はどこに行ったかな？→サニーマート	5	80
		場所の確認	このブロックどこに置く？→こっち	4	
		身体の一部	どこがかゆい→？おなか	1	
	どっち	食べ物	アイスと最中どっちがいい？→アイス	4	100
		友だちやキャラクター	キキとララどっちが好き？→ララ	3	
		経路	どっちから登る？→階段	2	
		色	緑とオレンジどっち？→オレンジ	1	
	どのように	遊び方	（絵を描いてと言われて）どんな服？→ワンピース	5	70
		髪の毛のくくり方	髪の毛どんな風にくくる？→横。2つ	3	
		調理方法	これ（おだんご）どんな風に作るの？→ゆでる	2	
	Yes／No	食べ物	ヨーグルトいる？いらない？→いらない	6	100
		出来事	今日○○先生に会えた？→はい	3	
		遊び	（絵に）リボン付ける？付けない？→付ける	1	
B児	だれ	人や怪獣の名前	ウルトラマンをやっつけたのはだれ？→ベリアル	8	100
		遊ぶ／活動する相手	今日はだれと行くの？→パパ	2	
	なに	恐竜や怪獣の名前	何を描いたの？→アロサウルスとカンプトサウルス	6	100
		食事のメニュー	今日の給食なに？→コッペパン	4	
	どこ	場所の確認	どこにコップ入れたの？→冷凍庫！カチカチ〜	5	100
		外出先	これからどこへ行く？→おばあちゃんのところ	5	
	どっち	食べ物	ハンバーグとウインナーどっちが好き？→ウインナー	4	100
		怪獣や恐竜	恐竜とドラゴンの卵、どっち？→ドラゴンの卵	3	
		経路	学校へ行く道はどっち？→（右を指して）こっち	2	
	どのように	食べ方や調理方法	どうやって食べた？→パクパクって食べたよ	4	70
		動作	どうやってゴジラ倒す？→木の棒をグサっと刺す	4	
		行き方	おばあちゃんちどうやって行く？→トンネル通って	2	
	Yes／No	好み	シマウマは好き？→ううん、嫌い。首短いから	5	90
		遊び	ココモン（テレビ番組）見ますか？→見る！	3	
		出来事	今日学校行くとき雨降った？→うん、雨降ってた	2	

と松下・志村（2018）の結果を支持した。A・B児ともに疑問詞の種類によらず部分的な応答が可能であったため、視覚的プロンプト訓練（井上他，1999）といった追加的な指導を必要としなかったと考えられる。なお、A児において、「どこ」への応答では施設名を答える誤反応が生起し、他の疑問詞質問より正反応数が少なかった。その理由として、施設という大きな刺激クラスとして場所を捉え、施設内の「部屋」「廊下」に刺激クラスが十分に分化していなかったためと推察される。

　次に場面般化、なかでも遊び場面における般化が部分的に成立した要因について、指導によって「疑問詞質問→疑問詞に応じて答える」という関係が確立されたため、つまり疑問詞という刺激クラス（例えば、「どこ」）とそれに含まれる刺激（例えば、「家」）が結び付いたとも考えられる。ゆえに、質問と応答が十分に結び付くことが場面般化の成立条件として示唆される。そして、指導場面において質問応答が強化されたため、遊び場面において自発されたと言える。また本研究では、未指導の「どっち」「どのように」「Yes／No」においても正反応数が増加する傾向がみられた。ベースライン測定前において、A・B児ともに2つの遊びいずれかにおいて少なくとも1回は正反応が生起したという結果は、対象児が「どっち」「どのように」

31

「Yes / No」に対する応答スキルを不十分ながらも有していたことを示唆する。そして、「だれ」「どこ」「なに」の質問応答が確立したことで、未指導の疑問詞質問への適切な応答を促進した可能性がある。さらに、「絵本」が「ブロック遊び」より期間全体の正反応率が高かった。その要因として、質問者と対象児それぞれがブロックを組み立てる状況よりも、ひとつの絵本を共有することで絵本そのものや質問に注意が向けやすいという遊びの特徴や、「絵本を読んで質問する→応答する」といったように指導場面の状況と類似していたことが考えられる。

　日常生活場面への般化が成立した要因についても遊び場面と同様に、「質問→応答」という関係の確立が挙げられる。疑問詞の位置がさまざまであったにもかかわらず概ね適切な応答が生起したのは、部分的に応答可能であったためと考えられる。ただし、質問のカテゴリーにやや偏りがみられるという結果から、保護者は対象児が答えやすい質問を中心に行い、正反応が生起しやすかった可能性がある。また遊び場面の結果から、日常生活場面においてもひとつの対象を共有する、あるいは質問に注意が向きやすい状況では適切な応答が生起しやすかったことが推察される。

　本研究では、日常生活場面への波及効果に関するデータが収集されていない、あるいはエピソード的な記述に留まっているという先行研究の課題に対し、そのデータを示したことに意義があると考える。加えて、疑問詞の種類によらず部分的に適切な応答が可能であるが、その生起頻度が低い、または安定しないASD児に対し、マトリックス訓練と音声フィードバック訓練の導入が場面般化を促進するという対象児の条件を示唆したことにより、先行研究の知見を一部拡大したと言える。その一方で、以下の点において制限があり、今後の課題でもある。第一に、目的の検証に十分な研究デザインに基づいてデータを収集できなかった。具体的には、A児のベースラインデータに上昇傾向がみられ、この傾向は音声フィードバック訓練以降も続いた。加えて、B児のベースラインから9ブロック目までデータは安定傾向を示した。また遊び場面において、ベースライン測定前の質問回数が非関連刺激般化テスト後のそれに比べて少なかった。今後の研究では、指導の効果を明確にするために一定の基準を設けてデータを収集すべきである。第二に、日常生活場面におけるデータ収集に関して、状況や質問を統制していない。今後は、遊び場面から示唆された条件

下において、適切な応答の生起が促進されるかを検証する必要があるだろう。第三に、指導開始前の質問応答の実態把握が保護者からの聞き取りのみであった。質問応答に関する実態の客観性を高めるために、疑問詞質問理解度テスト（Cadette et al., 2016）といった尺度を用いて定量的に評価すべきである。

　謝辞：本研究にご協力いただきましたA・B児ならびに保護者の方々に心より感謝申し上げます。

〈文　献〉

American Psychiatric Association (2013) Diagnostic and Statistical Manual of Mental Disorders, Fifth edition. Washington, D.C.: American Psychiatric Publishing.

Cadette, J. N., Wilson, C. L., Brady, M. P. et al. (2016) The effectiveness of direct instruction in teaching students with autism spectrum disorder to answer "Wh-" questions. Journal of Autism and Developmental Disorders, 46, 2968-2978.

原　清佳・小島哲也（2006）ある自閉症児の質問応答スキルに関する事例研究―動画情報課題における刺激般化の分析．信州大学教育学部附属次世代型学び研究開発センター紀要, 7, 51-60.

井上雅彦・小川倫央・藤田継道（1999）自閉症児における疑問詞質問に対する応答言語行動の獲得と般化．特殊教育学研究, 36, 11-21.

松下浩之・志村尚通（2018）自閉症スペクトラム障害児における疑問詞応答スキルの獲得と般化の検討―マトリックス訓練を用いた指導効果による一事例検討．山梨大学教育学部紀要, 29, 13-21.

Miltenberger, R. G. (2001) Behavior Modification: Principles and Procedures, 2nd edition. Wadsworth Publishing Company.（園山繁樹・野呂文行・渡部匡隆他訳（2006）行動変容法入門．二瓶社, pp.35-53.）

大原重洋・鈴木朋美（2004）自閉症児における疑問詞構文への応答能力の発達過程―国リハ式〈S-S法〉言語発達遅滞検査との関連．コミュニケーション障害学, 21, 15-22.

佐藤克敏・今中博章・小曽根和子他（2005）自閉症の子どもにおける応答言語に関する般化要因の検討―「だれ」、「なに」に関する応答言語の指導．国立特殊教育総合研究所研究紀要, 32, 19-27.

Situational generalization of skills for response to interrogative questions taught to children with intellectual disabilities and autism spectrum disorder

Natsuki Nishioka（Kokufu Special Needs Education School）

Shoji Okamura（Department of Special Needs Education, Hyogo University of Teacher Education）

Hiroshi Asaoka（Graduate School of Humanities and Social Sciences, Hiroshima University）

Abstract: We examined the generalization of skills for responding to interrogative questions in two children with intellectual disabilities and autism spectrum disorder（ASD）who could partially respond to such queries using the procedure developed by Matsushita and Shimura（2018）. Then, we evaluated the generalization of these responses. Initially, we observed the children's reactions to interrogative questions in a play setting. In the subsequent instruction, we employed "matrix training," which involved combining three elements: "person," "place," and "object," and provided verbal feedback when the participants gave incorrect responses. We followed this with "verbal feedback training" by prompting the children to imitate the correct responses. The results indicated that this procedure facilitated appropriate responses to interrogative questions starting with "who," "where," and "what," Moreover, the reactions generalized even to untrained stimuli. However, the question-response appropriateness varied depending on the play context and the type of interrogative used during play and daily life situations. Based on these findings, we. have discussed the factors influencing generalization.

Key Words : autism spectrum disorder, skills for responding to interrogative questions, matrix training, vocal feedback training, situation generalization

The Japanese Journal of Autistic Spectrum 2023, Vol.21-1, 35-43

実践研究

知的能力障害を伴う自閉スペクトラム症のある生徒・幼児の課題従事行動における既学習課題挿入手続きの効果
——課題中の逸脱行動の減少に着目して——

Effects of a task interspersal procedure on increasing on-task behavior for children with intellectual disabilities and autism spectrum disorder: Focus on reducing disruptive behaviors during academic tasks

藤本　夏美（筑波大学大学院人間総合科学研究科）

Natsumi Fujimoto（*Graduate School of Comprehensive Human Sciences, University of Tsukuba*）

青木　康彦（聖学院大学人文学部）

Yasuhiko Aoki（*Faculty of Humanities, Seigakuin University*）

真名瀬　陽平（流通経済大学）

Yohei Manase（*Ryutsu Keizai University*）

野呂　文行（筑波大学人間系）

Fumiyuki Noro（*Faculty of Human Sciences, University of Tsukuba*）

■要旨：本研究では、1名は漢字の視写課題で常同的な逸脱行動を示し、もう1名は机上課題自体に拒否を示すような課題従事行動に困難を示すASDの生徒1名と幼児1名を対象に、既学習課題挿入手続きによる逸脱行動減少への効果の検討を行った。特に、既学習課題として先行研究で有効性が実証されている特徴をもつ課題を挿入する効果を検証した。検証した既学習課題の特徴とは、（1）標的課題と同一の反応型の課題、（2）遂行時間が短い課題（例えば、本研究では画数が少ない漢字を視写する課題）、（3）対象児が好む課題であった。それらの特徴をもつ課題を既学習課題として効果が示されるまで順次導入していった。その結果、幼児1名は（1）標的課題と同一の反応型の既学習課題を挿入した条件で逸脱行動が減少したが、生徒1名は全ての既学習課題挿入条件で逸脱行動が減少しなかった。この結果については、逸脱行動の反応型が標的課題での課題従事行動と拮抗状態にあった場合にその減少が促進される可能性があるという観点から考察された。

■キーワード：既学習課題挿入手続き、課題従事行動、自閉スペクトラム症

Ⅰ．問題の所在と目的

　自閉スペクトラム症（autism spectrum disorder：以下、ASD）児は、学習に対する動機づけに困難さがあることで課題への従事行動が持続しないため、学習機会を保障する支援の検討が必要であると指摘されている（Koegel et al., 2010）。ASD児の課題従事行動を促進する手法のひとつに既学習課題挿入手続き（interspersal procedure）がある（Cates, 2005）。こ

れは、指導の標的となる課題（以下、標的課題）の間に、既に学習している課題（以下、既学習課題）を挿入する手続きである。すなわち、これから学習する課題に、以前に学習した容易にできる課題を混ぜる手続きである。例えば、これから学習する未知の絵カードの前に、簡単に命名することができる既知の絵カードを提示するような手法である。既学習課題挿入手続きには、課題中の逸脱行動の減少（Horner et al., 1991；飯島他，2016）や標的課題の獲得の促進（高浜・野呂，2009）といった効果が報告されている。また、既

学習課題挿入手続きが課題中の逸脱行動減少の効果を
もたらす要因として、逸脱行動に対する強化の有効性
を減少させる無効操作（abolishing operation）として
機能する可能性（Rapp & Gunby, 2016）や既学習課
題が挿入されることにより、相対的な強化率の増加に
よって逸脱行動ではなく、課題従事行動が促進される
可能性（Skinner, 2002）が挙げられている。

　一方で、既学習課題挿入手続きによる逸脱行動へ
の影響については、逸話的に報告している研究が多
く、データを示した研究は少ないことが指摘されて
いる（Rapp & Gunby, 2016）。また、Henrickson ら
（2015）や Knutson ら（2019）は、ASD 児に対し、
標的課題のみを指導する（大量試行訓練：massed-
trial training）条件と既学習課題挿入条件で逸脱行動
の生起率を比較した。その結果、条件間で大きな差は
なかったことを報告している。このように、先行研究
において、既学習課題挿入手続きによる逸脱行動減少
への効果について異なる結果が示されている。その
ため、引き続き、既学習課題挿入手続きを独立変数と
し、逸脱行動の生起率を従属変数とした介入研究を行
い、既学習課題挿入手続きによる逸脱行動の減少に対
する効果を実証する必要がある。

　先行研究では、既学習課題挿入手続きにおいて挿入
される既学習課題の特徴についての検討が行われてい
る。課題中の逸脱行動減少に有効な既学習課題の特徴
として、課題の遂行時間が短いことが報告されてい
る。飯島ら（2016）は、漢字の書字課題において、遂
行時間が相対的に短い既学習課題を挿入する方が、遂
行時間が長い既学習課題を挿入するよりも逸脱行動の
生起率が低い傾向であったことを示した。

　また、逸脱行動の減少ではなく、標的課題の獲得に
ついて、以下の 2 つの特徴が検討されている。第一
に、標的課題と既学習課題が類似していることであ
る。標的課題と既学習課題が類似していることには、
刺激の類似と反応の類似がある（高浜・野呂, 2009）。
Horner ら（1991）は、標的課題の獲得と逸脱行動の
減少に効果を示した既学習課題が標的課題の弁別刺激
と同じ刺激クラスのものであったことを指摘してい
る。また、高浜・野呂（2009）は、標的課題と既学習
課題の反応型が同一であることが標的課題の獲得促進
について効果があることを示した。

　第二に、既学習課題が対象児の好みの課題であるこ
とである。Esch & Fryling（2013）は、好みのアセス
メントを実施して対象児の好みの高い既学習課題を選
出し、標的課題に挿入した結果、標的課題の指示従事

率が上昇したことを報告している。このことから、既
学習課題を対象児の好みの課題にすることは効果的で
あることが示唆された。

　しかしながら、既学習課題挿入手続きにおいて、上
述した特徴をもつ課題を挿入した結果、逸脱行動減少
の効果を示した研究は数が少なく、さらに研究を進め
る必要があると考えられる。そこで、本研究では、課
題中に逸脱行動を示す ASD の生徒 1 名と幼児 1 名を
対象に、先行研究において課題中の逸脱行動の減少に
効果を示した遂行時間が短い既学習課題を挿入するこ
とによる効果を検証する。また、標的課題と反応型が
同一の既学習課題、好みの既学習課題を挿入すること
で、逸脱行動の減少に効果を示すかもあわせて検討す
る。これらの結果を踏まえ、逸脱行動の減少に効果的
な既学習課題の特徴やその他の要因について考察す
る。

Ⅱ．方　法

1．対象児

　ASD と診断された生徒 1 名と幼児 1 名（以下、A
児、B 児）を対象とした。2 名とも指導中に一定の時
間、課題に従事することに困難さがみられた。指導
中の課題間の休憩場面では、A 児はタブレット端末
で、障害物を避けながらコースをクリアするアクショ
ンゲームで遊ぶことを好んだ。また、B 児はバランス
ボールの上に座ったり、パズルをしたりすることが多
かった。

　A 児は、特別支援学校（知的障害）に在籍してお
り、医療機関で ASD と知的能力障害の診断を受けた
中学部 1 年生の男子生徒であった。本研究開始時の
生活年齢は 12 歳 8 カ月であり、12 歳 0 カ月時に実
施した WISC-Ⅳの結果は、FSIQ55、VCI58、PRI72、
WMI68、PSI73 であった。言葉でのやりとりは可能
であり、「学校で○○先生と△△した」など学校での
出来事を報告することができた。好きな映画のキャラ
クターの話題を一方的に話す様子や特定の質問を繰り
返し尋ねる様子が見られた。家庭や学校では、ババ抜
きなどの複数人で行うルールのある遊びに取り組むこ
とができた。課題への取り組みに関しては、計算問題
など A 児の得意な課題では、集中して取り組むこと
ができていた。一方で、経験したことのない新たな課
題では、離席、手遊び、歌を歌うといった行動やメ
イントレーナー（以下、MT とする）に特定の質問を

繰り返し尋ねるといった逸脱行動が生起していた。逸脱行動生起時には、学習に従事し続けることが困難であったため、A 児が満足するまで質問に答える、MT が課題に取り組むように声かけをする、課題に再び取り組み始めるまで待つといった対応が必要であった。特に、漢字を練習する課題では、画数の多い漢字を視写する時に一度書いた漢字の線の上を何度もなぞる行動がみられた。例えば、漢字 1 文字を 5 分以上かけて書く行動がみられるなど、課題に長い時間がかかることがあった。A 児が漢字をなぞっている時に MT がそれをやめるように指示をしたり、次の漢字を書くように鉛筆を誘導しようとしたりすると強い拒否がみられた。保護者からも「机上学習の場面において課題に関係のない発言が多く、集中が続かない」ということが支援ニーズとして挙げられていた。A 児は、小学校で学習した漢字の多くを読むことができていたが、画数が多いものは、想起して書くことが難しい様子がみられていた。

B 児は、幼稚園の年長クラスに在籍しており、医療機関で ASD と知的能力障害の診断を受けた男児であった。本研究開始時の生活年齢は 6 歳 1 カ月で、6 歳 0 カ月時に実施した新版 K 式発達検査 2001 の結果は、全領域の発達指数（DQ）が 39、発達年齢（DA）が 2 歳 5 カ月であり、認知・適応が 2 歳 1 カ月、言語・社会が 2 歳 7 カ月であった。「○○取ってきて」などの指示を理解することはできており、要求する際には、「ちょうだい」や「手伝って」といった一語文での要求が可能であった。家庭や幼稚園では、着替えなどは B 児 1 人で行うことができていた。家庭や幼稚園では、同年代の子どもと遊ぶことはほとんどなく、1 人で好みの玩具で遊ぶことが多かった。数については、おはじきや紙に印刷されたドットを 10 まで数えることが可能であった。模倣については、MT が提示する動作や音声を模倣することが可能であった。課題への取り組みに関しては、机上での課題において、教材や MT から視線が逸れることが多かった。MT から指示を受ける場面や誤反応に対して修正を求められる場面、課題時間の後半場面で泣き叫ぶ、机にうつ伏せるといった様子がみられ、従事に困難な場合があった。逸脱行動が生起した場合は、逸脱行動が終了するまで待つ、MT が呼びかけるといった対応を行っていた。

2. 倫理的配慮

対象児の保護者らに書面および口頭で研究内容の説明をした。研究内容の説明では研究協力に同意した後でも、対象児、保護者らの意思で同意を撤回できることを説明した。その上で保護者らに研究協力について署名により同意を得た。本研究は第一著者の所属する大学の研究倫理委員会の承認を得て実施した。

3. セッティング

C 大学のプレイルームにおいて、週に 1 回 1 時間程度の指導（セッション）を行い、その内 10 〜 20 分程度を本指導の実施時間とした。2 名の対象児ともに、MT と向かい合い着席した状態で実施した。指導の様子はビデオカメラで撮影した。1 セッション内で、本研究の課題を 1 〜 2 ブロック実施した。

4. 課題設定

各対象児には、事前に保護者に学習に関する問題、特に従事することの難しい課題があるかについて聞き取りを行い、学年や発達年齢、学習状況の実態を考慮して既学習課題と標的課題を設定した。既学習課題には、逸脱行動が生起しない課題で、100％の正反応率で遂行できるものを用いた。標的課題には、研究開始時点で逸脱行動が生起している課題を用いた。具体的な手続きを以下に示した。

(1) A 児の標的課題と既学習課題

A 児の標的課題は「漢字の視写課題」とした。研究開始前に小学校 4 〜 6 年生の 15 画以上の漢字の書き取りについて事前評価を行い、誤答・無答であった漢字を標的課題とした。実際に用いた漢字は「選、熱、競、録、養、潔、編、鏡、築、謝、議、確、賞、類、権」であった。視写課題の設定は、A4 用紙の右上に漢字の単語を、上段に見本の漢字、下段に 5cm 四方の書字欄を印刷した。漢字は、フォントを教科書体、フォントサイズを 120 ポイントで印刷した。MT は教材と鉛筆と消しゴムを机上に提示し、書字欄に見本と同じ漢字を視写することを対象児に求めた。毎回の指導開始時に、漢字の書き取りテストを実施し、書くことができなかった漢字のみを標的課題の対象とし、書くことができた漢字は対象から外し、事前評価で抽出した使用されていない漢字と入れ替えた。

既学習課題は以下の 4 種類とした。①標的課題の漢字のなぞり課題：標的課題と同一の漢字を見本と同じフォントサイズで 25％の濃さで印刷されたものをなぞる課題であった。これは、標的課題と反応型が同一の課題（高浜・野呂，2009）として選定された。②「一」の視写課題：「一」という漢字を視写す

る課題であった。これは、遂行時間が短い課題（飯島他，2016）として選定された。③ A 児の好みのキャラクターの名前の視写課題：A 児の好みのキャラクターの名前（カタカナで 2 ～ 4 文字）を視写する課題であった。これは、好みの課題（Esch & Fryling, 2013）として選定された。④「正」を 3 回視写する課題：「正」という漢字を 3 回ずつ視写する課題であった。これは、遂行時間が短い課題（飯島他，2016）であり、かつ 15 画以上の漢字という標的課題の反応型と類似させた課題（高浜・野呂，2009）として選定された。ひとつの漢字や単語を 5 回ずつなぞる、書くことを 1 試行とした。

標的課題・既学習課題ともに、正しい漢字を書くことができた場合に、1 字ずつ言語賞賛と丸つけを実施した。見本通りに書けていない場合は、その箇所を指摘し、修正させ、正しく書くことができてから丸をつけた。逸脱行動が生起した場合は、逸脱行動が終了するまで待った。

(2) B 児の標的課題と既学習課題

B 児の標的課題は「数の抽出課題」とした。この課題では、おはじきを見ずに掴んで MT に渡す、課題中に泣き叫ぶ、机の上にうつぶせるという逸脱行動が多くみられた。標的課題では、B 児の目の前におはじきが 10 個入ったトレーを提示した。MT が「○（数詞）ちょうだい」と言いながら B 児の方に手の平を広げ、音声に対応した数のおはじきを MT の手に載せることを求めた。この流れを 1 回行うことを 1 試行とした。対象とした数は 1 ～ 5 であった。

また、既学習課題は、標的課題と同じ数を枠の中に置く課題とした。これは、標的課題と反応型が同一の課題（高浜・野呂，2009）として選定された。おはじきが 10 個入ったトレーと A4 用紙の上部にフォントを教科書体、フォントサイズを 200 ポイントで数字を、下部には、用紙の上部の数字と同じ数の枠（2.5cm 四方）を印刷したものを提示した。そして、「○（数詞）を枠に入れて」と音声で指示を提示した。

標的課題・既学習課題ともに正反応の場合は、言語賞賛と B 児の好みのキャラクターのシールを与えた。誤反応の場合は、MT が B 児に身体ガイダンスを実施して一緒に数えながら MT の手や枠におはじきを載せた。大きな声で叫ぶという逸脱行動がみられた場合は、その行動が終了するまで待った。MT や教材以外の方向を見ている行動や机にうつ伏せる行動が見られ、3 秒以上生起していた場合は、MT が呼びかける、B 児の体を起こすといった対応を行った。

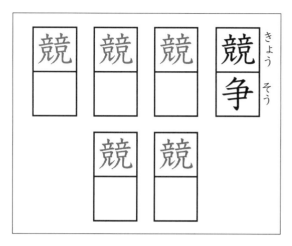

図 1　A 児における 1 試行あたりの漢字の視写課題の教材
※上段の書字欄の中の薄い漢字をなぞることを既学習課題（①標的課題の漢字のなぞり課題）、下段の書字欄に漢字を視写すること標的課題（漢字の視写課題）とした。

5. 手続き

(1) ベースライン（BL）条件

標的課題のみを実施した。A 児がひとつの漢字を 5 回書くことを 1 試行とした。これを 5 種類の漢字で実施し、全 5 試行を行うことを 1 ブロックとした。B 児はひとつの数について実施することを 1 試行とし、1 ～ 5 の数を 1 試行ずつ全 5 試行で行うことを 1 ブロックとした。

(2) 既学習課題挿入条件

標的課題の間に既学習課題を挿入した。具体的には、既学習課題から標的課題の順で、既学習課題と標的課題を 1 試行ごとに交互に入れ替えて実施した。その他の手続きは BL 条件と同様であった。

(3) ルール提示＋時間制限条件

A 児の標的課題にのみ実施した。試行ごとにタイマーを提示し、「70 秒以内に書くこと」「なぞらずに書いたときのみ MT が丸をつけること」を教示した。実施前に MT が実際に漢字をなぞらずに書いた場合となぞって書いた場合のモデルを提示し、なぞらずに書いた時のみ言語賞賛と丸つけを実施した。

(4) プローブ条件

手続きは BL 条件と同様であった。

6. 従属変数

従属変数は、標的課題と既学習課題それぞれの課題の逸脱行動を対象とし、A 児は、逸脱行動の生起時間（秒）と逸脱行動の生起回数（回）、B 児は、逸脱行動の生起率（％）とした。B 児の逸脱行動生起率（％）は、5 秒間の部分インターバル記録法で「（逸脱

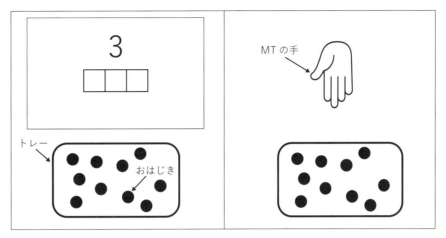

図2　B児における1試行あたりの数の抽出課題の教材
※左図が既学習課題、右図が標的課題

表1　対象児の実施課題について

対象児	課題名	標的課題	既学習課題
A 児	漢字の視写	小学 4 ～ 6 年生で学習する 15 画以上の漢字を複数回視写する	①標的課題と同じ漢字のなぞり ②遂行時間の短い漢字「一」の視写 ③好みのキャラクターの名前の視写 ④「正」を 3 回視写
B 児	数の抽出	音声で指示された数の分のおはじきを MT に渡す	音声で指示された数の分のおはじきをその数字の下にある同じ数の枠の中に一つずつ置く

行動が生起したインターバル数）／（全インターバル数）× 100」で算出した。逸脱行動は、A 児は「一度書いた漢字の線を再びなぞる」、B 児は「3 秒以上 MT や教材以外の方向を見ている」、「大きな声で叫ぶ」、「机にうつ伏せる」とした。A 児では定義した逸脱行動の測定しやすさを考慮し、生起率ではなく、生起回数と生起時間を従属変数とし、課題中の逸脱行動の減少に着目した。

　B 児に関しては、逸脱行動とあわせて標的課題の正反応率（％）も従属変数とした。正反応率（％）は「（標的課題の正反応の試行数）／（標的課題の全試行数）× 100」で算出した。

7. データの信頼性

　記録は課題実施場面を録画した映像を用い、本研究に関与していない大学院生 2 名が行った。対象児の逸脱行動について、各対象児の全データから約 30.0％のブロックを無作為に抽出し、観察者間一致率を求めた。一致率は、観察者間の一致数を、観察者間の一致数と不一致数の合計で除し、その値に 100 を乗ずることで算出した。その結果、A 児の課題における逸脱行動の生起時間は 80.6％、逸脱行動の生起回

数は 80.6％、B 児の課題における逸脱行動の生起率は 93.4％、正反応率は 93.3％の一致率であった。

Ⅲ．結　果

1. A 児の結果

　A 児の漢字の視写課題における逸脱行動の生起回数・時間を図 3 に示す。BL 条件における標的課題の逸脱行動の生起回数・時間の平均はそれぞれ 33 回・87 秒であった。ほぼ全ての種類の漢字において逸脱行動が生起していた。

　既学習課題挿入条件の結果を挿入した既学習課題ごとに以下に示した。①標的課題の漢字のなぞり課題では、逸脱行動の生起回数・時間は標的課題では 31 回・53 秒で、生起時間は BL の平均よりも減少したが、生起回数は BL の平均と同程度であった。既学習課題では 35 回・92 秒と事前評価時には生起していなかった逸脱行動が生起したため、課題全体で逸脱行動の生起回数・時間ともに大きく増加した。

　②「一」の視写課題では、逸脱行動の生起回数・時間は、標的課題では 26 回・61 秒であり、BL の平均

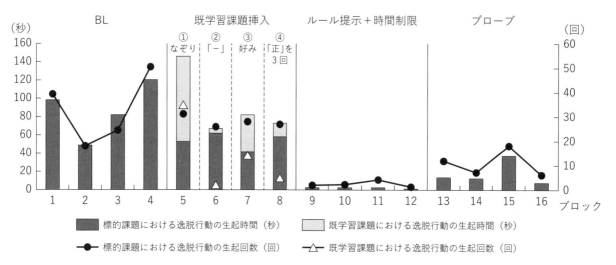

図3　A児における逸脱行動の生起回数と逸脱行動の生起時間

よりも減少した。既学習課題では2回・6秒であった。既学習課題の画数が減ったことで、既学習課題では逸脱行動はほとんど生起していなかった。課題全体では、逸脱行動の生起回数・時間ともに減少した。

③A児の好みのキャラクターの名前の視写課題では、逸脱行動の生起回数・時間は、標的課題では28回・42秒であり、BLの平均よりも減少した。既学習課題では14回・40秒であった。この条件では、既学習課題でも逸脱行動は生起していたが、多くは標的課題における生起であった。課題全体では、逸脱行動の生起回数は増加し、生起時間は同程度であった。キャラクターの名前を言いながら視写をする様子がみられた。

④「正」を3回視写する課題では、逸脱行動の生起回数・時間は、標的課題では27回・57秒であり、BLの平均よりも減少した。既学習課題では5回・15秒であり、この条件においても、逸脱行動の多くは標的課題において生起していた。課題全体でも逸脱行動の生起回数・時間ともにBLの平均よりもわずかに減少した。

既学習課題挿入条件では、既学習課題提示時でも逸脱行動が生起するようになり、課題全体でも挿入前と変わらず逸脱行動が生起した。そのため、既学習課題を挿入した際には、条件ごとに1ブロックずつのみ実施した。

ルール提示＋時間制限条件における標的課題の逸脱行動の生起回数・時間の平均は、2回・2秒であり、BL条件の平均や既学習課題挿入条件と比較して大きく減少した。A児は、時間制限で用いたタイマーを見て、残り時間を気にする様子がみられた。また、時

間内に書き終えた際には、「○秒残った」と嬉しそうにMTに報告する行動がみられた。

プローブ条件における標的課題の逸脱行動の生起回数・時間の平均は、それぞれ10回・18秒であり、ルール提示＋時間制限条件よりは逸脱行動の生起回数・時間は上昇したが、BL条件や既学習課題を挿入した条件と比較して大きく減少した。

2．B児の結果

B児の数の抽出課題における逸脱行動の生起率を図4に、標的課題の正反応率を図5に示す。BL条件における標的課題の逸脱行動の生起率は平均29.3％であった。誤反応時には、MTの身体ガイダンスによっておはじきを数えている時によそ見をする、大きな声で叫ぶといった行動がみられた。

既学習課題を挿入した条件では、標的課題の逸脱行動の生起率は平均1.5％であり、BL条件より減少した。既学習課題では逸脱行動の生起率は、平均5.2％であり、標的課題よりも既学習課題で逸脱行動が生起していた。3秒以上MTや教材以外の方向を見る行動や机にうつ伏せる行動が生起していたが、大きな声で叫ぶ行動はこの条件より生起しなくなった。

プローブ条件における標的課題の逸脱行動の生起率は平均8.0％であり、既学習課題を挿入した条件より上昇したが、BL条件と比べると減少し、逸脱行動の生起率は10.0％以下の低い状態で維持された。

標的課題の正反応率について、BL条件の正反応率は平均20.0％であった。おはじきをMTの手に全て載せるか、1個だけ載せるという誤反応やMTや教材以外の方向を見ており、無反応の場合もあった。

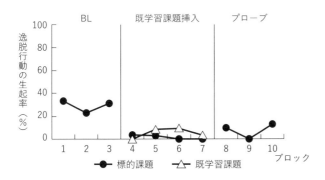

図4　B児における逸脱行動の生起率

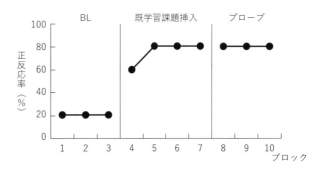

図5　B児における標的課題の正反応率

　既学習課題挿入条件の正反応率は平均75.0％であり、BL条件と比べて上昇した。トレーの上でMTが音声指示で提示した数のおはじきを数えてから、MTの手に載せる行動が生起した。

　プローブ条件における正反応率は平均80.0％であり、既学習課題を挿入した条件と同程度の状態で維持された。

Ⅳ．考　察

　本研究では、課題中に逸脱行動を示すASDの生徒1名と幼児1名を対象に、標的課題に挿入する既学習課題に関して、先行研究の知見に基づく課題選択をすることで、逸脱行動が減少するかどうかを検討した。その結果、B児では、標的課題と同一反応型の既学習課題を挿入したことで、標的課題の逸脱行動が減少した。一方、A児では、先行研究で効果が示されてきた特徴をもつ既学習課題を挿入したことで、標的課題の逸脱行動の生起回数・時間はわずかに減少したが、既学習課題でも逸脱行動が生起したため、課題全体の逸脱行動の生起回数・時間は大きく減少せず、挿入前と同程度であった。つまり、既学習課題挿入手続きにより逸脱行動は減少するという先行研究（Horner et al., 1991；飯島他, 2016）の知見とは一部異なる結果となり、既学習課題が標的課題と反応型が同一の課題や遂行時間の短い課題、好みの課題といった特徴により効果の違いは見られなかった。本研究の結果に影響した要因を以下で考察する。

　逸脱行動が減少したB児では、介入後の逸脱行動の減少に加えて標的課題の正反応率も上昇し、さらにプローブ条件でも80.0％以上の標的課題の正反応率を維持した。その理由として、既学習課題が強化されたことにより、強化率が高まり、B児の課題従事が促進された可能性が考えられる。B児の逸脱行動（例えば、机にうつ伏せる行動）は、課題従事とは両立しない行動であり、飯島ら（2016）も指摘したように、課題従事行動の促進が結果的に逸脱行動の減少をもたらしたと考えられる。一方で、A児の逸脱行動（一度書いた漢字の線を再びなぞる）は、標的課題（漢字の視写）の従事行動とは必ずしも拮抗しているわけではない。「書く」という点で、両者の反応型が同一であり、標的課題で漢字を書く行動が促進されても、必ずしも一度書いた漢字の線を再びなぞって書くといった逸脱行動の減少につながらなかったと推察される。

　Hornerら（1991）は、既学習課題挿入手続きについて、不適切な行動を強化する可能性があることを指摘している。既学習課題の達成が、標的課題の遂行に対する条件性強化子となっていると仮定した場合（Skinner et al., 2002）、標的課題中の逸脱行動の生起が、直後に提示される既学習課題の達成で即時に強化されてしまう可能性がある。A児では、BL条件、既学習課題挿入条件において、手続き上、既学習課題・標的課題中に逸脱行動が生起した場合であっても、課題が正反応であれば、強化されていた。さらに、既学習課題挿入条件では、標的課題中に逸脱行動が生起した場合でも、既学習課題が即座に挿入されたために、その生起が強化されたと想定できる。以上の理由により、A児においては、既学習課題挿入手続きが逸脱行動の減少を導かなかったと考えられた。

　一方で、ルール提示＋時間制限条件では、試行内で逸脱行動が生起していた時には強化されず、逸脱行動が生起せずに標的行動が生起した際に強化される分化強化手続きが適用された。そのため、逸脱行動が減少したと考えられる。既学習課題挿入手続きにおいて、標的行動と逸脱行動の反応型が同一である場合、逸脱行動が生じた際には既学習課題を挿入せずに、標的課題を再提示するなどの分化強化手続きを付加すること

が必要である可能性が示された。

　さらに標的課題の負荷の調整という観点から考察する。Noellら（2003）は、既学習課題挿入手続きにおいて、介入後に標的課題の負荷を減らすことで、BL条件よりも既学習課題挿入条件の方が正反応率が上昇したことを報告している。本研究でも、A児の標的課題である15画以上の漢字の視写課題は、A児にとって負荷が高かった可能性がある。例えば、標的課題を10画程度の漢字の視写から開始して、逸脱行動が減少してから漢字の画数を増やしていくような段階的な課題設定が必要であったと考える。

　最後に、本研究の課題について述べる。第一に、社会的妥当性が測定されていない点である。保護者に関しては、アンケートなどの形での調査は実施していないが、面談等の中で逸脱行動の減少と標的課題の獲得に関して「以前よりも集中して課題に取り組めるようになっていると感じた」等の肯定的な意見を聴取することができた。今後は、アンケート等を活用して多面的に社会的妥当性を測定する必要がある。第二に、対象児が中学生と幼稚園児であり、年齢の幅が大きい点がある。標的課題と既学習課題については、それぞれの対象児のニーズに応じて決定したが、今後は生活年齢や発達年齢の類似したASD児において、同一の標的課題を用いて、対象者間多層ベースラインデザイン等のより厳密な単一事例実験計画法に沿った介入効果の実証が必要である。第三に、異なる特徴をもつ既学習課題を挿入することによる逸脱行動減少への効果が十分に比較検討できなかった点である。本研究では、A児では全ての既学習課題挿入条件で逸脱行動が減少せず、B児では、標的課題と反応型が同一の既学習課題を挿入し、逸脱行動が減少したため、他の特徴をもつ既学習課題を挿入することによる逸脱行動減少への効果を検討できなかった。今後は、先行研究で効果が示されてきた特徴をもつ既学習課題の逸脱行動の減少への効果を比較できるような実験デザインを検討する必要がある。第四に、課題中の逸脱行動の減少に着目したため、A児の課題の正反応率等の課題獲得に関する従属変数を設定していなかった点である。課題に逸脱せずに取り組むだけでなく、課題の獲得を示すような正反応率も課題従事行動促進に関する重要な指標であると考えるため、今後は、全ての対象児に既学習課題挿入手続きの効果として、逸脱行動の減少だけでなく、課題獲得についても、正反応率等の従属変数を設定し、検討する必要がある。

　以上のような課題はあるが、本研究において、先行研究で効果が示されてきた既学習課題の特徴を踏まえた実践を行い、その知見を確認することができた。それに加えて、逸脱行動が標的課題の遂行と拮抗しない場合、標的課題中の逸脱行動が、直後に挿入された既学習課題の達成によって強化されてしまう可能性とその際の対応方法について示唆することが可能であった。

〈文　献〉

Cates, G. L. (2005) A review of the effects of interspersing procedures on the stages of academic skill development. Journal of Behavioral Education, 14(4), 305-325.

Esch, K. & Fryling, M. J. (2013) A comparison of two variations of the high-probability instructional sequence with a child with autism. Education and Treatment of Children, 36(1), 61-72.

Henrickson, M. L., Rapp, J. T., & Ashbeck, H. A. (2015) Teaching with massed versus interspersed trials: Effects on acquisition, maintenance, and problem behavior. Behavioral Interventions, 30(1), 36-50.

Horner, R. H., Day, H. M., Sprague, J. R. et al. (1991) Interspersed requests: A nonaversive procedure for reducing aggression and self-injury during instruction. Journal of Applied Behavior Analysis, 24(2), 265-278.

飯島啓太・高浜浩二・野呂文行（2016）自閉症スペクトラム障害のある児童生徒の漢字の書字学習における既学習課題挿入手続きの効果．障害科学研究, 40, 209-222.

Knutson, S. C., Kodak, T., Costello, D. R. et al. (2019) Comparison of task interspersal ratios on efficiency of learning and problem behavior for children with autism spectrum disorder. Journal of Applied Behavior Analysis, 52(2), 355-369.

Koegel, L. K., Singh, A. K., & Koegel, R. L. (2010) Improving motivation for academics in children with autism. Journal of Autism and Developmental Disorders, 40(9), 1057-1066.

Noell, G. H., Whitmarsh, E. L., Van Der Heyden, A. M. et al. (2003) Sequencing instructional tasks: A comparison of contingent and noncontingent interspersal of preferred academic tasks. Behavior Modification, 27(2), 191-216.

Rapp, J. T. & Gunby, K.（2016）Task interspersal for individuals with autism and other neurodevelopmental disorders. Journal of Applied Behavior Analysis, 49（3）, 730-734.

Skinner, C. H.（2002）An empirical analysis of interspersal research evidence, implications, and applications of the discrete task completion hypothesis. Journal of School Psychology, 40（4）, 347-368.

Skinner, C. H., Hurst, K. L., Teeple, D. F. et al.（2002）Increasing on-task behavior during mathematics independent seat-work in students with emotional disturbance by interspersing additional brief problems. Psychology in the Schools, 39（6）, 647-659.

高浜浩二・野呂文行（2009）広汎性発達障害児における既学習課題の挿入が標的行動の獲得に与える効果―標的課題と既学習課題における反応型についての検討．特殊教育学研究, 47（2）, 103-112.

Effects of a task interspersal procedure on increasing on-task behavior for children with intellectual disabilities and autism spectrum disorder: Focus on reducing disruptive behaviors during academic tasks

Natsumi Fujimoto（Graduate School of Comprehensive Human Sciences, University of Tsukuba）
Yasuhiko Aoki（Faculty of Humanities, Seigakuin University）
Yohei Manase（Ryutsu Keizai University）
Fumiyuki Noro（Faculty of Human Sciences, University of Tsukuba）

Abstract: We examined the effects of a task-interspersal procedure on reducing disruptive behaviors in two participants with autism spectrum disorder having who displayed difficulties in task engagement. A student who displayed stereotypical off-task behavior in kanji writing task whereas a preschooler who showed refusal in the tabletop task. We specifically focused on the effect of mastered interspersing tasks with efficacy demonstrated in previous studies. The specific characteristics of the tasks we examined included（1）having the identical response topography as the target task,（2）requiring a short time, and（3）being liked by the participants. We sequentially introduced tasks with these characteristics as independent variables until they were effective as mastered interspersing tasks. The results indicated that one participant decreased disruptive behaviors in（1）having the identical response topography as the target task condition, but not the other participant in all task-interspersal condition. We have suggested that these results suggest that disruptive behaviors incompatible with on-task behaviors might reduce.

Key Words : interspersal procedure, on-task behavior, autism spectrum disorder

The Japanese Journal of Autistic Spectrum 2023, Vol.21-1, 45-55

資料

保護者が捉えた特別支援学級担任の支援の現状と課題
——小・中学校比較——

Current status and challenges of special education class teachers' support as perceived by parents and guardians

岡本　邦広（新見公立大学＊）
Kunihiro Okamoto（*Niimi University*）

諏訪　英広（川崎医療福祉大学）
Hidehiro Suwa（*Kawasaki University of Medical Welfare*）

■要旨：本研究では、特別支援学級に在籍する障害児の保護者が捉えた特別支援学級担任が実施する支援の程度（実施度）、重要と考える支援の程度（重要度）を小・中学校比較より把握し、パートナーシップ構築に向け特別支援学級担任に求められる資質・能力の明示を目的とした。Summers et al.（2005）を参考に、①教師が障害児の指導・支援の専門性を有し、教師と保護者が、②一緒に教育する姿勢をもって適切なコミュニケーションを図りながら、③連携・協働ができている時に、障害児の保護者と教師のパートナーシップが構築されていると定義した。対象は、特別支援学級親の会会員377名であった。調査期間は、2020年12月から2カ月間とした。質問紙は古川・宮寺（2015）等を基に作成した。分析には、統計ソフトSPSS Statistics 27を用いた。分析数は小学校128、中学校38（有効回答率44.0％）であった。結果、小学生の保護者は中学生の保護者に比べ、特別支援学級担任の障害児に身に付いた力等の把握の実施度を評価した。小学生の保護者は中学生の保護者より特別支援学級担任からコミュニケーションの支援の実施度および重要度、さらに子供の目標等を共有する実施度を評価したが、小・中学生の保護者ともに家族自体への支援の実施度を低く評価した。結果から特別支援学級担任に求められる資質・能力は、①障害児の指導の専門性（小・中）、②一緒に教育する姿勢での適切なコミュニケーション（中）、③校内外連携の充実（小・中）、④障害児の目標等の共有（中）、⑤家族自体への支援の充実（小・中）が指摘できた。

■キーワード：特別支援学級、保護者との連携・協働、パートナーシップ、小・中学校

Ⅰ．問題の所在および目的

　文部科学省（2018a）は、障害児の教育を充実させるために、教師と保護者の連携・協働を積極的に行うことの重要性を指摘した。Summers et al.（2005）は、パートナーシップ（family-professional partnership）を、家族と専門家間の相互支援的な相互作用と定義し、コンピテンス、責任、対等、ポジティブなコミュニケーション、尊敬、および信頼の特徴をもつとしている。本研究では、Summers et al.（2005）を参考に、

①教師が障害児の指導・支援の専門性（Summers et al.（2005）のコンピテンス。以下、定義①〔専門性〕と表記）を有し、教師と保護者が、②一緒に教育する姿勢をもって適切なコミュニケーション（Summers et al.（2005）の対等、ポジティブなコミュニケーション。以下、定義②〔コミュニケーション〕と表記）を図りながら、③学校や家庭における障害児の目標や指導・支援内容及び結果の共有（Summers et al.（2005）の家族と専門家間の相互支援的な相互作用。以下、定義③〔連携・協働〕と表記）ができている時に、障害児の保護者と教師のパートナーシップが構築されていると定義する。本研究のパートナーシップの定義より、文部科学省（2018a）の指摘は、障害児の保護者と教師のパートナーシップの構築を重要課

＊本研究時の所属は川崎医療福祉大学（Kawasaki University of Medical Welfare）。

題としていると言い換えることが可能である。

障害児者の家族は、障害児者の自立と社会参加に向け、出生後から福祉、医療、教育等のさまざまな関係機関の専門家とのパートナーシップ構築を目指していくことが想定される。しかし、パートナーシップが構築されない場合、Summers et al.（2007）は障害児者をもつ家族と専門家との否定的な相互作用が、家族のストレスの重要な原因になると指摘する。このように、パートナーシップの質は家族のストレスに影響を及ぼすと考えられる。

パートナーシップに関連した本邦における質問紙調査として古川・宮寺（2015）は、特別支援学校教師が自閉症（以下、ASD）児の家族に対し、どのような支援を実施しているかを検討した。結果、保護者への支援内容として、「受け入れ姿勢」（定義②〔コミュニケーション〕と関連）「積極的関わり」（定義②〔コミュニケーション〕）「子供の様子の伝達」（定義②〔コミュニケーション〕）「支援者との共通認識」（定義②〔コミュニケーション〕、定義③〔連携・協働〕）の4因子が見いだされた（カッコ内の定義①〜③は本研究実施者による）。さらに、特別支援学校教師としての自身のASDに対する指導・支援に関する専門性（定義①〔専門性〕）を活かし、ASD児の特性に合わせた支援を実施していることを示唆した。枡ら（2019）は、特別支援学校の特別支援教育コーディネーターに質問紙調査を実施し、保護者にどのような教育相談を実施しているかを検討した。結果、特に傾聴、受容、共感等の相談全体を通した保護者への姿勢・態度（定義②〔コミュニケーション〕）を重要視していることが明らかになった。さらには、情報収集・聞き取り事項や主訴を明確にすること、助言内容・方法（定義①〔専門性〕、定義③〔連携・協働〕）を重要視することも明らかになった。これらは、いずれも特別支援学校教師対象の調査で、評価は教員側から測定した支援の実施度・重要度（古川・宮寺，2015）といった特徴が見られる。一方、特別支援学級担任と保護者の双方に対し質問紙調査を行った研究もある。坂本ら（2002）は、特別支援学級担任と保護者が重視する学級経営等の差異を検討し、保護者は特別支援学級担任に比べ「教師は専門的知識が豊富」を重視したのに対し、特別支援学級担任は「通常の学級との交流」を重視し、双方で重視する視点が異なる傾向が見られたこと等を報告した。

これらの先行研究の課題として、次の2つが挙げられる。1つ目は、特別支援学級対象とした近年の調査が実施されていないことである。近年はインクルーシブ教育システム構築に向けた法整備が進められ、就学先決定手続き変更に伴い、学校教育法施行令22条の3に該当する子供が特別支援学級に在籍する可能性がある。すなわち、坂本ら（2002）による20年近く前の調査と比べ、特別支援学級に在籍する子供の障害の程度や保護者の支援ニーズが異なる可能性が考えられる。また特別支援教育が学校教育法に位置付けられ15年以上経過し、特別支援学校や通常の学級、とりわけ、特別支援学級に対する支援ニーズは一層高まってきていることから（文部科学省，2020）、特別支援学級担任と保護者のパートナーシップに関する現状を把握することは有益と考えられる。

2つ目は、保護者が捉えた教師の実施する支援と重要と考える支援の相違の有無について検討されていないことである。坂本ら（2002）が検討を行ったのは、特別支援学級担任と保護者が学級経営等で重視する内容であった。古川・宮寺（2015）は、特別支援学校教師がASD児の家族に対し行っている支援の実施度と重要度を評価した。古川・宮寺（2015）は、教師からの支援に対する保護者の満足度について確認するなどによって、教師が行う支援と保護者が希望する支援にずれがないか分析することが必要と指摘している。古川・宮寺（2015）や坂本ら（2002）の指摘から、特別支援学級担任が「通常の学級との交流」を重要と考え実施しても（高実施度）、保護者はそれ（低重要度）より教科指導を重要ではあるが十分に実施されていない（低実施度、高重要度）と捉えた場合、長期的に「通常の学級との交流」が障害児や保護者に重要な支援でも、喫緊においては両者の捉え方や考え方にずれが生じ、結果として連携・協働ができない、すなわち、パートナーシップが構築されないことが想定される。したがって、保護者が捉えた特別支援学級担任が実施する支援の程度（以下、実施度）および重要と考える支援の程度（以下、重要度）に関する評価結果を分析することで、パートナーシップ構築に向け特別支援学級担任に求められる資質や能力を明示できるのではないかと考えられる。

ところで、小学校は中学校に比べ、特別支援教育体制において研修、専門家チーム、巡回相談の整備が進んでいる傾向（文部科学省，2018b）がある。一方、中学校自閉症・情緒障害特別支援学級では教科担任制で指導が行われる（国立特別支援教育総合研究所，2014a）。これらのことから、特別支援教育の専門家からの助言機会や校内で障害児の指導の共有において小

学校が中学校に比べ進んでいることが想定される。これに伴い、結果的に小学生の保護者は中学生の保護者に比べ、特別支援学級担任から受ける支援が充実していると捉える可能性があると考えられる。

　以上から本研究では、特別支援学級に在籍する障害児の保護者が捉えた特別支援学級担任の支援の実施度および重要度を、小・中学校比較により把握した。さらに、それを基にパートナーシップ構築（定義①〔専門性〕～定義③〔連携・協働〕）に向け求められる特別支援学級担任の資質・能力の明示を目的とした。

Ⅱ．方　法

1．調査対象者

　A 市特別支援学級親の会会員 377 名とした。対象にした理由は、以下の 2 点である。①大勢の会員が所属していた。②A 市特別支援学級担任がパートナーシップについてどのような認識かは未調査であった。しかし、A 市特別支援学級親の会への聞き取りから、同市特別支援学級親の会は定期的に親の会活動を開催し、特別支援学級担任の担当する子供の障害、指導・支援技術に関する知識や保護者との良好な関係性についての話題を取り上げていたことを聴取した。これらのことから、特別支援学級担任との関係性について考える意識が高いと考えられた。以上より、本研究目的に合致していると判断した。

2．調査期間

　2020 年 12 月～ 2021 月 1 月の 2 カ月間とした。

3．調査手続き

　研究説明書、研究同意欄を付した質問紙、回収用の密封封筒を、A 市特別支援学級親の会会長に送付した。その後、A 市特別支援学級親の会会長から A 市内の学校を通じて特別支援学級親の会会員に質問紙を配布してもらった。後日、調査協力者が厳封したものを研究実施者に郵送することにより回収した。なお、回答の有無にかかわらず、すべての調査協力者に質問紙を厳封し郵送にて返信を求めた。

4．倫理的配慮

　本研究は、研究実施者（第一筆者）の前所属機関における倫理審査を受けた（承認番号 20-023）。質問紙への回答は無記名であり、調査協力は任意であること

と、研究調査以外では使用しないこと、プライバシーが保護されること、調査を拒否することで不利益を被ることは一切ないことを紙面上に明記した。併せて、調査実施の際に問題が生じた場合の必要な連絡先として、研究実施者の所属、連絡先を明記した。なお、研究同意については研究同意欄へのレ点でのサインを求めた。

5．本研究で分析対象とした調査内容

（1）フェイスシート

　調査回答者に対し、性別と年齢、家族構成を尋ねた。また特別支援学級に在籍する障害児に対し、性別、年齢、学年、障害種〔ASD、知的障害を伴う ASD、知的障害、視覚障害、聴覚障害、ADHD、LD、その他〕、障害児のきょうだいの有無、きょうだいの障害の有無、放課後に利用する福祉サービス等の有無を尋ねた。

（2）パートナーシップに関する質問紙

　質問項目は、古川・宮寺（2015）、坂本ら（2002）を基に作成した 30 項目とした。30 項目に対して、古川・宮寺（2015）と同様に、それぞれ実施度および重要度を尋ねた。「実施度」の回答は、「いつも行っている」「どちらかと言うと行っている」「どちらかと言うと行っていない」「あまり行っていない」の 4 段階で求めた。また、「重要度」の回答は、「非常に重要である」「どちらかと言うと重要である」「どちらかと言うと重要でない」「全く重要でない」の 4 段階で求めた。

6．分析方法

　30 項目に対する分析には、統計ソフト SPSS Statistics 27 を用いた。小・中学生の保護者が捉えた特別支援学級担任の支援の実施度と重要度のそれぞれを点数化したうえで、平均値、標準偏差を算出した。なお点数化において、実施度では「いつも行っている」を 4、「あまり行っていない」を 1、重要度では、「非常に重要である」を 4、「全く重要でない」を 1 とした。さらに、実施度、重要度の平均値をもとに、小・中学校比較を行った。

Ⅲ．結　果

1．分析対象家族の属性

　回収は 174 名（回収率 46.2％）からされたが、無回答あるいは研究同意欄のサインがない 8 名分を除外し

表 1　障害のある子供と回答者のプロフィール

属性		小学校（N = 128）		中学校（N = 38）	
		N	%	N	%
子供					
学年					
	1 年	16	12.5	16	42.1
	2 年	15	11.7	11	28.9
	3 年	25	19.5	11	28.9
	4 年	22	17.2		
	5 年	30	23.4		
	6 年	17	13.3		
性別					
	男	100	78.1	29	76.3
	女	28	21.9	9	23.7
障害					
	ASD	35	27.3	9	23.7
	ASD + ID	27	21.1	8	21.1
	ASD + ADHD	24	18.8	4	10.5
	ASD + LD	1	0.8	1	2.6
	ASD + ADHD + LD	2	1.6	2	5.3
	ASD + LD + ID	2	1.6	0	0.0
	ASD + ID + ADHD	6	4.7	3	7.9
	ASD + ID + ADHD + LD	0	0.0	1	2.6
	ID	13	10.2	4	10.5
	ID + ADHD	0	0.0	2	5.3
	ADHD	8	6.3	3	7.9
	LD	3	2.3	0	0.0
	ADHD + LD	1	0.8	0	0.0
	聴覚障害	2	1.6	0	0.0
	聴覚障害 + ADHD	1	0.8	0	0.0
	その他	3	2.3	1	2.6
きょうだい					
	有	92	71.9	35	92.1
	障害有	35	27.3	10	26.3
放課後サービス					
	有	91	71.1	19	50.0
回答者					
家族					
	父親	2	1.6	0	0
	母親	125	97.7	38	100
	その他	1	0.8	0	0
年齢					
	30 〜 39	39	30.5	4	10.5
	40 〜 49	77	60.2	29	76.3
	50 〜	7	5.5	4	10.5
	記述なし	0	0.0	1	2.6

166 名（有効回答率 44.0％）を分析対象とした。表 1 に、障害児ならびに回答者の属性を示した。回答者が調査対象にした特別支援学級の在籍校種別の人数は、小学校が 128 名、中学校が 38 名であった。小学生の学年は、5 年が最も多く（30 名：23.4％）、2 年が最も少ない傾向（15 名：11.7％）にあった。高い割合を示した性別は男性（100 名：78.1％）で、障害タイプは ASD（35 名：27.3％）、知的障害を伴う ASD（28 名：21.9％）であった。放課後サービスは、71.1％（91 名）

が利用していた。回答者のほとんどは母親（125 名：97.7％）で年齢段階は 40 代（77 名：60.2％）が高い傾向にあった。

中学生の学年は、1 年が最も多い傾向にあった（16 名：42.1％）。性別は男性（29 名：76.3％）で、障害タイプは ASD（9 名：23.7％）、知的障害を伴う ASD（8 名：21.1％）の割合が高い傾向にあった。放課後サービスは、50％（19 名）が利用していた。また、回答者はすべて母親（38 名：100％）で年齢段階は 40

代（29 名：76.3％）が高い傾向にあった。

上記から、小・中学校でデータ数は小学校が中学校の約 3.4 倍と異なるが、回答者の障害児の性別、障害タイプの割合や回答者が母親であることや年齢段階の割合は同様の傾向が見られた。

2. 保護者が捉えた小・中学校別の特別支援学級担任の支援の「実施度」および「重要度」

表 2 に、保護者が捉えた小学校、中学校別の特別支援学級担任の支援の「実施度」「重要度」を示した。

（1）小学校

「実施度」の平均値 3 以上の項目は、家族への伝え方（項目 6、7、20）、家族の考え等を受け入れ、一緒に教育する姿勢（項目 1、8 ～ 11、13、14、26）、コミュニケーション機会（項目 12、15、21）、指導・支援（中でも、子供の取り組みたいことの把握等）（項目 22、29）、家族との連携（項目 27、30）の 18 項目であった。一方、「実施度」の低い項目（平均値 3 未満）は、指導・支援（中でも、障害特性や指導法等）（項目 23、24、28）、家族との連携（項目 3、5、16 ～ 18、25）、コミュニケーション機会（項目 2、4）、家族への伝え方（項目 19）の 12 項目であった。

「重要度」について、平均値が 3 以上の項目数は 28 項目であった。さらに平均値が 3.5 以上の項目は、指導・支援（項目 22、28、29）、家族の考え等を受け入れ、一緒に教育する姿勢（項目 1、9 ～ 11、13）、家族への伝え方（項目 6、20）、コミュニケーション機会（項目 4、15）、家族との連携（項目 17、27、30）であった。

これらから、小学生の保護者が捉えた特別支援学級担任の実施度の高い支援は、家族への伝え方や、家族との連携（子供の目標共有等）、指導・支援（障害特性や指導法以外）、家族の考え等を受け入れ、一緒に教育する姿勢の支援であった。一方、特別支援学級担任に対し、家族の考え等を受け入れ、一緒に教育する姿勢、障害特性や指導法等を含む指導・支援、家族への伝え方やコミュニケーション機会、家族との連携を重要視する傾向が見られた。

（2）中学校

「実施度」の平均値が 3 以上の項目はなかった。「重要度」の平均値が 3 以上の項目数は 25 項目であった。さらに、平均値が 3.5 以上の項目は指導・支援（項目 22、28、29）、家族の考え等を受け入れ、一緒に教育する姿勢（項目 1、9）、家族への伝え方（項目 6）、家族との連携（項目 17、27、30）であった。

これらのことから、中学生の保護者は特別支援学級担任に対し、家族への伝え方や、家族の考え等を受け入れ、一緒に教育する姿勢、指導・支援、家族との連携を重要視する傾向が見られた。

3. 保護者が捉えた特別支援学級担任の支援の「実施度」および「重要度」の小・中学校比較

表 2 には、支援ごとの「実施度」「重要度」に対する小・中学校比較の結果（t 検定）も示した。「実施度」について、全 30 項目中 28 項目において小学生の保護者の方が有意に高かった。内容によって分けて結果を見ると、小学生の保護者は、中学生の保護者に比べ家族の考え等を受け入れ、一緒に教育する姿勢（項目 1、8 ～ 11、13、14、26）、家族への伝え方（項目 6、7、20）、指導・支援（項目 22、29）、コミュニケーション機会（項目 12、15、21）、家族との連携（項目 5、18、27、30）が有意に高かった（小学校の平均値が 3 以上の項目）。

次に、「重要度」について、全 30 項目中 7 項目において、小学生の保護者の方が有意に高かった。内容によって分けて結果を見ると、コミュニケーション機会（項目 4、12、15、21）、家族への伝え方（項目 19、20）、家族の考え等を受け入れ、一緒に教育する姿勢（項目 9）と、家族とのコミュニケーションに関する支援内容が有意に高かった。

以上から、小・中学生の保護者の共通点として、特別支援学級担任による指導・支援（中でも、障害特性や指導法）と、家族との連携（家族の状況把握や家族への助言等）の実施度を低く評価し、家族の考え等を受け入れ、一緒に教育する姿勢や指導・支援を重要視する傾向にあった。一方、相違点として、小学生の保護者は中学生の保護者より、指導・支援（中でも、子供の取り組みたいことの把握等）、家族への伝え方、家族の考え等を受け入れ、一緒に教育する姿勢に関する支援内容を受けていると評価し、家族とのコミュニケーションに関する支援を重要視する傾向が示された。

Ⅳ. 考　察

本研究では、特別支援学級に在籍する障害児の保護者が捉えた特別支援学級担任の支援を小・中学校比較により把握した。以下、パートナーシップ構築に向け、特別支援学級担任に求められる資質・能力を考察する。

表2 障害児の保護者が捉えた特別支援学級担任の支援の「実施度」「重要度」──小・中学校別比較

項目	実施度							重要度						
	学校	度数	平均値	標準偏差	t値	自由度	t検定	学校	度数	平均値	標準偏差	t値	自由度	t検定
1. 特別支援学級担任は，私たち家族（回答者）と日常の子供の対応について話し合う際，私たち家族の考えを聞いて取り入れる。	小	128	3.23	0.84	3.88	162	***	小	127	3.65	0.50	−0.03	162	
	中	36	2.58	1.00				中	37	3.65	0.48			
2. 特別支援学級担任は，母親だけでなく，父親も交えて話し合いを行う。	小	125	1.68	0.92	−0.03	158		小	124	2.88	0.83	0.27	159	
	中	35	1.69	0.90				中	37	2.84	0.80			
3. 特別支援学級担任は，私（回答者）の家庭に合わせて支援方法を伝えるために，家庭の状況を把握している。	小	128	2.79	0.96	2.21	162	*	小	127	3.26	0.65	1.67	162	
	中	36	2.39	0.96				中	37	3.05	0.70			
4. 特別支援学級担任は，私たち家族（回答者）との話し合う機会を多く持っている。	小	128	2.91	1.00	2.89	162	**	小	127	3.63	0.52	2.90	162	**
	中	36	2.36	1.05				中	37	3.32	0.71			
5. 特別支援学級担任は，私たち家族（回答者）に「家でもこういうふうにやってみるといいかもしれませんね」などとアドバイスをする。	小	128	2.66	0.98	3.07	162	**	小	127	3.37	0.63	1.20	162	
	中	36	2.08	1.08				中	37	3.22	0.85			
6. 特別支援学級担任は，連絡帳，電話などで私たち家族（回答者）にわかりやすく伝え方を工夫する。	小	128	3.35	0.87	4.10	162	***	小	127	3.68	0.55	1.30	162	
	中	36	2.64	1.07				中	37	3.54	0.61			
7. 特別支援学級担任は，肯定的な表現で子供の様子を私たち家族（回答者）に伝える。	小	126	3.35	0.80	4.23	159	***	小	125	3.43	0.70	0.98	159	
	中	35	2.66	1.03				中	36	3.31	0.62			
8. 特別支援学級担任は，私たち家族（回答者）が行った子供への対応を認める。	小	127	3.28	0.77	3.11	161	**	小	124	3.31	0.60	0.38	159	
	中	36	2.81	0.89				中	37	3.27	0.69			
9. 特別支援学級担任は，「（私たちと）一緒に子供を教育していく」という姿勢を示す。	小	127	3.34	0.82	4.70	161	***	小	126	3.75	0.45	2.10	161	*
	中	36	2.56	1.08				中	37	3.57	0.55			
10. 特別支援学級担任は，すぐの実施が困難な場合の私たち家族（回答者）からの要望に対して，「ここまではできます」と歩み寄りの姿勢を示す。	小	127	3.16	0.87	3.42	161	**	小	127	3.57	0.57	0.74	162	
	中	36	2.56	1.13				中	37	3.49	0.61			
11. 特別支援学級担任は，私たち家族（回答者）の気持ちを受容する。	小	128	3.30	0.73	3.75	163	***	小	127	3.54	0.55	1.39	163	
	中	37	2.76	0.95				中	38	3.39	0.68			
12. 特別支援学級担任は，送り迎えの際などに私たち家族（回答者）とできるだけ顔を合わせる。	小	128	3.08	1.12	3.32	162	**	小	127	3.18	0.84	2.46	163	*
	中	36	2.39	1.02				中	38	2.79	0.93			
13. 特別支援学級担任は，私たち家族（回答者）が学校に行きやすくなるように，受け入れの姿勢を示す（学校をオープンにする）。	小	128	3.30	0.79	3.18	163	**	小	127	3.50	0.59	0.92	163	
	中	37	2.81	0.97				中	38	3.39	0.79			
14. 特別支援学級担任は，私たち家族（回答者）の気持ちをくみ取って，配慮や声かけをする。	小	128	3.18	0.87	3.21	163	**	小	127	3.45	0.61	0.73	163	
	中	37	2.62	1.11				中	38	3.37	0.54			
15. 特別支援学級担任は，毎日連絡帳などで私たち家族（回答者）と連絡を取り合う。	小	128	3.20	1.07	3.58	163	***	小	126	3.56	0.68	2.48	162	*
	中	37	2.46	1.19				中	38	3.24	0.75			
16. 特別支援学級担任は，外部機関と連絡を取り合って，子供や私たち家族（回答者）への支援について検討する。	小	127	2.46	1.02	1.77	160		小	127	3.41	0.67	0.47	162	
	中	35	2.11	1.08				中	37	3.35	0.63			
17. 特別支援学級担任は，学校全体で情報を共有して子供や私たち家族（回答者）を支える。	小	128	2.77	0.96	2.57	162	*	小	127	3.53	0.59	−0.47	163	
	中	36	2.28	1.16				中	38	3.58	0.60			
18. 特別支援学級担任は，きょうだいの在籍する学校・学級の教員と情報の共有をする。	小	106	2.31	1.06	3.16	135	**	小	110	3.05	0.88	1.26	142	
	中	31	1.65	0.91				中	34	2.82	0.94			
19. 特別支援学級担任は，私たち家族（回答者）に一日の活動の様子を詳細に伝える。	小	128	2.67	1.05	4.32	162	***	小	127	3.17	0.83	2.23	163	*
	中	36	1.83	0.94				中	38	2.84	0.72			
20. 特別支援学級担任は，子供ができたことを伝え，私たち家族（回答者）にそのときの状況を説明する。	小	128	3.15	0.79	5.65	162	***	小	127	3.52	0.59	3.58	163	***
	中	36	2.25	1.00				中	38	3.13	0.58			
21. 特別支援学級担任は，私たち家族が来校の際には，子供の活動の様子，教材などを私たち家族（回答者）に見せてくれる。	小	128	3.16	0.89	4.25	163	***	小	127	3.45	0.61	2.17	163	*
	中	37	2.43	0.99				中	38	3.21	0.53			
22. 特別支援学級担任は，私たち家族（回答者）に，子供に身に付いた力，次の課題を説明する。	小	128	3.09	0.89	3.46	163	**	小	127	3.60	0.52	0.75	163	
	中	37	2.49	1.10				中	38	3.53	0.51			
23. 特別支援学級担任は，私たち家族（回答者）に，教育課程，年度計画の説明をする。	小	128	2.79	1.04	3.71	163	***	小	127	3.44	0.61	0.17	163	
	中	37	2.08	0.95				中	38	3.42	0.68			

表 2　つづき

24. 特別支援学級担任は，私たち家族（回答者）に，子供の障害特性を正しく認識できるように説明する。	小	128	2.43	0.97	2.13	163	*	小	127	3.22	0.73	0.07	163
	中	37	2.05	0.85				中	38	3.21	0.74		
25. 特別支援学級担任は，きょうだいに障害特性をわかりやすい言葉，肯定的な表現で伝える。	小	108	1.90	1.00	2.42	138	*	小	110	2.86	0.97	0.79	143
	中	32	1.44	0.72				中	35	2.71	0.99		
26. 特別支援学級担任は，私たち家族（回答者）へ子育てに対する敬意を払ってくれる。	小	127	3.21	0.82	2.97	162	**	小	127	3.25	0.68	0.93	163
	中	37	2.73	1.02				中	38	3.13	0.78		
27. 特別支援学級担任は，子供の課題と学習の目標について私たち家族（回答者）と共有してくれる。	小	128	3.00	1.04	2.34	163	*	小	127	3.60	0.51	−0.25	162
	中	37	2.54	1.10				中	37	3.62	0.49		
28. 特別支援学級担任は，障害児の教育や指導法に関する専門知識をもっている。	小	128	2.74	1.00	2.73	162	**	小	127	3.82	0.39	1.45	163
	中	36	2.22	1.05				中	38	3.71	0.46		
29.. 特別支援学級担任は，子供本人の取り組みたいことを把握している。	小	127	3.09	0.84	4.48	161	***	小	126	3.67	0.47	1.58	162
	中	36	2.36	0.96				中	38	3.53	0.51		
30. 特別支援学級担任は，私たち家族（回答者）の子供への思いや願いを，私たちと共有している。	小	128	3.23	0.87	4.52	163	***	小	127	3.73	0.46	1.46	163
	中	37	2.49	0.93				中	38	3.61	0.50		

*** $p < .001$, ** $p < .01$, * $p < .05$

1. 指導・支援の専門性に関する資質・能力向上を目的とした研修の必要性

定義①〔専門性〕に関し，表 2 より，小学生の保護者は中学生の保護者に比べ，子供に身に付いた力や課題（項目 22），子供の取り組みたいことの把握（項目 29）の支援の実施度を評価した。このことから，小学生の保護者は，中学生の保護者に比べ，特別支援学級担任が子供の実態（能力や学習の達成状況，興味・関心等）を把握した上で指導し，保護者とその情報を共有していると捉えていることが考えられた。

一方，小・中学生の保護者はともに，障害児の教育や指導法に関する専門的知識（項目 28），保護者に対する教育課程，年度計画，子供の障害特性の説明（項目 23，24）の実施度を低く評価する傾向にあった。このことから，保護者は小・中学校特別支援学級担任が共に特別支援教育に関する十分な知識・技能を有さず，それに基づく説明を実施できていないと捉えていることが推察された。また，小学生の保護者は中学生の保護者に比べ，特別支援学級担任が子供の実態を把握できていると捉えているとはいえ，障害のある子供の教育を行う上で障害に関する知識・技能の獲得は必要不可欠であることから，小学校においても，保護者は障害特性を踏まえた教育が十分にできているとはいえないと捉えている可能性が考えられる。

重要度に関し，保護者は特別支援学級担任に対し，約 20 年前に実施された坂本ら（2002）の結果と同様に，特に障害児の指導に関する専門性の項目を重視する傾向が見られた。これは，支援の重要度の結果を示しているものの，文部科学省（2018b，2019，2020）の調査結果より，特別支援学級担任の特別支援

学校教諭免許状所有率が低いことから，インクルーシブ教育システム構築に向けた法整備が進められる現在も，子供に対する指導の専門性向上（坂本他，2002）が本研究において定義したパートナーシップ構築に向け，小・中学校の特別支援学級担任共通の欠かせない課題であると指摘できる。障害児に携わる教師対象の研究が実施されているものの，特別支援学級担任の指導力向上を目的とした実践研究（大羽・井上，2007）は寡少なことから，今後は実践研究の蓄積，ならびに特別支援学級担任の障害児の教育や指導法（項目 28），特別支援学級の教育課程（項目 23）に関する知識・技能の習得状況に関する実態調査が必要である。

2. 保護者と一緒に教育し，適切なコミュニケーションを図る資質・能力のための研修や校内支援体制整備

定義②〔コミュニケーション〕に関し，小学生の保護者は中学生の保護者に比べ，特別支援学級担任による家族への伝え方，家族の考え等を受け入れ，一緒に教育する姿勢，コミュニケーション機会といった家族とのコミュニケーションの実施度を評価する傾向にあった。

さらに，小・中学生の保護者はともに，これらの項目を重要視する傾向が見られた。古田島ら（2006）は，通常の学級に在籍する ADHD 児に対し，教師や対象児の保護者などの関係者から構成される支援チームによる支援を実施した。結果，対象児の保護者は，「これまでは学校と家庭で，『対象児をどのように指導していったらよいか』という悩みが全く同じであるのに，連携した指導が困難」と指摘し，外部専門家の

支援を得て、学校と協働して行った対象児への支援に対して高い満足感を報告した。本研究結果も古田島ら（2006）の知見を支持し、特別支援学級に在籍する障害児の保護者も、教師と同じチームの一員であることを望むことが示された。

このことから、中学生の保護者も小学生の保護者と同様、チームの一員として子供の教育を行いたいと考えているものの、中学校の特別支援学級担任のこれに関する実施度を低く評価していた。表1より中学生の対象は、知的障害を伴わないASDの割合が、42.1％を占めた。このことから、中学校の回答者の半数近くは自閉症・情緒障害特別支援学級に在籍する子供の保護者であった可能性が考えられる。中学校自閉症・情緒障害特別支援学級の指導体制は、教科担任制がとられる（国立特別支援教育総合研究所，2014a）ことから教師同士のコミュニケーション不足が保護者とのコミュニケーションにも影響を与え、結果的に中学生の保護者の方が実施度を低く評価された可能性が考えられる。

一方、重要度のうち、小・中学校で有意差の見られた7項目は、いずれも家族とのコミュニケーションに関する支援であった。これらの小・中学校の実施度を比較すると、7項目中5項目は、$p < .001$、残り2項目は、$p < .01$ で有意差が見られた。結果から、小学校ではコミュニケーションに関する支援は実行されていると捉えられ、保護者は重要な支援と認識していたと考えられる。また中学校においても、保護者はこれらの支援を重要と考えていた。小・中学校でこのような差が生じた要因として、上記と同様の理由より、中学校自閉症・情緒障害特別支援学級においては教科担任制であることから担任が生徒の学校生活全般の情報を把握できず、結果、子供の1日の詳細を伝えたり、その時の状況を説明したり（項目20、21）、連絡帳で知らせたりすること（項目15）が困難になると考えられる。

3. 連携・協働に関する資質・能力のための「校内外の連携」ならびに「家族自体への支援」

定義③〔連携・協働〕に関し、小学生の保護者は中学生の保護者に比べ、特別支援学級担任は子供の課題、目標（項目27）や子供への思い、願い（項目30）を共有していると捉える傾向にあった。また、小・中学生の保護者は、これら2項目を重要視する傾向にあった。これらの結果から、本研究で定義したパートナーシップの定義③〔連携・協働〕にあたる連携・協

働、特に子供の目標等の共有に関して、小学生の保護者が中学生の保護者に比べ進んでいると捉え、小・中学校にかかわらず、保護者は重要視していることが示された。小学校が中学校に比べ、保護者と障害児の思いや願い、課題、目標の共有を行うと保護者が捉える要因として以下が考えられる。小学校が中学校に比べ、特別支援教育体制整備が進み（文部科学省，2018b）、中学校自閉症・情緒障害特別支援学級は教科担任制（国立特別支援教育総合研究所，2014a）であることから、小学校の方が学級内で特別支援教育の理解が進む。これに伴い障害児の共有が周囲の教師としやすく、結果的に特別支援学級担任が障害児の情報収集を行いやすくなると考えられる。

迫田ら（2016）は、特別支援学級担任等を対象にした質問紙調査において、特別支援学級担任も関係者との連携・協働を促す研修の支援ニーズを有していることを明らかにした。国立特別支援教育総合研究所（2014b）は、特別支援学級担任の専門性として、連携・協働や指導・支援に関する能力を身に付けることを指摘し、それらの内容を含む研修ガイドを提案しているが、その効果を示した研究は実施されていない。多様な教育的ニーズを有する子供が在籍する特別支援学級においては、効果的に関係者との連携・協働が行われるとは言い難い。効果的な連携・協働を行うためには、関係者との連携・協働によって、例えば、担任する子供の望ましい行動変容が見られるようになった、関係者との双方の教育に対する価値観が共有されたといった何らかの成功体験につながる経験が維持されることが必要と考えられる。そのために、今後は国立特別支援教育総合研究所（2014b）が提案する連携・協働や指導・支援に関する内容を含む研修ガイドの効果や、研修の効果を維持させる組織体制の検討が求められる。

さらに、家庭と教育と福祉の連携「トライアングル」プロジェクトチーム（2018）では、今後、国において文部科学省と厚生労働省が連携し、障害のある子供に関わる福祉制度の学校への周知や、個別の支援計画の活用促進に向けた保護者の参画の促し等を行っていくことを提言している。したがって今後は上記に加え、家庭と教育と福祉の連携「トライアングル」プロジェクトチーム（2018）の提言を根拠に、関係機関とのより一層の連携の重要性について言及する必要があると考えられる。

保護者と子供の目標等の共有については、保護者は上述の通り、小学校が中学校に比べて実行すると捉え

る傾向が示された。一方、小・中学校ともに保護者は、家族との連携の中でも特に、家庭の状況把握や家族への助言といった家族自体への支援実施度を低く捉えた。このことから、校種と無関係に保護者は、教師が家庭内の状況を把握し、家族自体を支援するまでには至っていないと捉えていると考えられる。岡村・井澤（2019）は、教師対象の研修結果を分析し、教師が家庭内の状況把握までには至っていないことを指摘した。このことから、上述の保護者の教師による家族自体の支援についての捉えと岡村・井澤（2019）の指摘が合致すると考えられる。

さらに、岡村・井澤（2019）は、保護者と共に問題解決を図ることを目的として協働のための知識や技術を教師に提供する必要性を指摘した。文部科学省初等中等教育局特別支援教育課長（2021）は、「個別の教育支援計画の参考様式について」を通知した。この主旨は、個別の教育支援計画の引継活用であるが、障害児の教育を一層充実させていくためには、岡村・井澤（2019）や本研究で定義したパートナーシップの定義③〔連携・協働〕を踏まえると、教師が家庭内の情報収集をし、「家族自体への支援」を行うことは特別支援学級担任に必要な資質・能力になると考えられる。今後は、管理職のリーダーシップのもと、例えば、特別支援教育コーディネーターと特別支援学級担任が連携し、外部機関との連絡調整や学校全体で情報共有し、特別支援学級に在籍する子供や家族を支える支援体制の構築が重要と考えられる。

表 2 より、小・中学生の保護者は、「家族の考え等を受け入れ、一緒に教育する姿勢（定義②：コミュニケーション）」「家族への伝え方（定義②：コミュニケーション）」「子供の指導に関する専門性（定義①：専門性）」「家族自体への支援（定義③：連携・協働）」「連携（学校と外部機関、特別支援学級と交流学級）（定義③：連携・協働）」を重要視する点で共通していた。結果からこれらの支援は、小学校だけではなく、中学校移行後も特別支援学級の障害児の保護者にとって重要な支援と捉えられる。さらに、これら 5 つの支援はいずれも本研究におけるパートナーシップ構築に必要と考えられる。坂本ら（2002）は、特別支援学級担任に「（子供に対し）愛情豊かで接する」「（子供に対する）専門的知識が豊富」「（保護者に対し）相談しやすい」と上位の支援対象を障害児、保護者に挙げた（カッコ内は、本研究実施者による）。坂本ら（2002）と質問項目が異なり単純比較はできないが、本研究では「家族の考え等を受け入れ、一緒に教育する姿勢」

「家族への伝え方」「家族自体への支援」といずれも、坂本ら（2002）と異なり、「障害児を含む家族」を重要視しているところに特徴を有すると考えられる。これは、特別支援教育制度ができ 15 年以上経過することに伴い、個別の指導計画や個別の教育支援計画作成時に保護者の考えが尊重されるようになってきたことが影響しているのか、さらに分析が必要である。

上記 1 ～ 3 の考察より本研究におけるパートナーシップの定義に照合し再考すると、小学生の保護者は中学生の保護者に比べ、特別支援学級担任が障害児に身に付いた力等の把握を行うと捉えていた。小学生の保護者は中学生の保護者より特別支援学級担任からコミュニケーションの支援を受け、それを重要視し、さらに子供の目標等を共有すると回答したが、家族自体への支援の実施を低く捉えていた。これらの結果は保護者が捉えた特別支援学級担任の支援であることを前提としているが、パートナーシップ構築に向け必要とされる特別支援学級担任の資質・能力として、①障害児の指導の専門性向上（小・中）、②一緒に教育する姿勢をもち適切なコミュニケーションを図ること（中）、③校内外連携の充実（小・中）、④子供の目標等の共有（中）、⑤家族自体への支援（小・中）の充実が示された。

4. 研究方法上の課題

研究方法上の課題として、以下の 3 つが挙げられる。

1 つ目は、回答者に偏りが見られたことである。回答者のほとんどは対象児の母親であった。専門家から受けるサービスやサポート等の満足度を評価した研究においても、本研究と同様に回答者の多くは母親一人であった。母親と父親の両親を回答者にした Lucyshyn et al.（2018）において両親の満足度に違いが見られたことから、今後は両親に回答を求め、その違いを明らかにする研究が必要であると考えられる。

2 つ目は、他地域におけるパートナーシップの追加調査が必要とされることである。本研究では、A 市の特別支援学級担任のパートナーシップについての認識は未調査であった。特別支援学級担任を取り巻く基礎的環境整備（文部科学省初等中等教育分科会，2012）、例えば、専門性向上のための研修や特別支援学級のセンター的機能の活用状況等は、自治体によって差異があると考えられる。したがって、今後は自治体の基礎的環境整備の実態把握を踏まえたうえでパートナーシップの追加調査を実施する必要がある。

3つ目は、特別支援学級の学級種を調査しなかったことである。本研究では、小・中学校比較を行ったが、学級種別による比較を行っていない。障害児の在籍学級について、中には聴覚障害児がいたが、多くは、ASD、知的障害（あるいは知的障害を伴うASD）であったことから、自閉症・情緒障害特別支援学級あるいは知的障害特別支援学級であったと考えられる。これらの学級に在籍する児童生徒の実態が異なっていることから（文部科学省初等中等教育局特別支援教育課，2021）、小・中学校比較に加え、学級種による比較を行う必要がある。本研究は保護者対象の質問紙であったため、学級種に関して保護者が回答可能な調査項目を検討する必要があったと考えられる。

上記に関連して本調査では、ADHDのみ、LDのみといった本来は特別支援学級対象ではない障害種が含まれていた。国立特別支援教育総合研究所（2012）は、これらの障害は周囲から不適切な支援を受け続けることによって、二次障害（場合によっては医学的診断がつく）が発現する可能性を指摘した。ADHDのみ、LDのみの事例は、本来は通級による指導が対象となる（文部科学省初等中等教育局特別支援教育課，2021）。推測の域を出ないが、国立特別支援教育総合研究所（2012）の指摘を踏まえると、これらの事例は二次障害により特別支援学級での指導が必要となった可能性が考えられる。

したがって、本研究はA市の就学指導の特徴を踏まえた特別支援学級の結果を分析したものと断る必要があるだろう。また、今後は、プロフィール回答時、障害種に加え、二次障害の有無を調査する必要がある。

付記：本研究にご協力をいただいたA市特別支援学級親の会会長をはじめ、同会員の皆様に感謝を申し上げる。本研究は、JSPS科研費20K02316の助成を受けた。

〈文　献〉

古川めぐみ・宮寺千恵（2015）知的障害特別支援学校の教員による自閉症スペクトラム児の家族支援の現状調査．特殊教育学研究, 53, 251-259.

家庭と教育と福祉の連携「トライアングル」プロジェクトチーム（2018）家庭と教育と福祉の連携「トライアングル」プロジェクト報告―障害のある子と家族をもっと元気に.

古田島恵津子・長澤正樹・松岡勝彦（2006）新たな行動コンサルテーションモデル：COMPASによる問題行動の支援―通常学級に在籍するADHDのある児童を対象に．LD研究, 15, 171-182.

国立特別支援教育総合研究所（2012）専門研究B 発達障害と情緒障害の関連と教育的支援に関する研究―二次障害の予防的対応を考えるために（平成22年度～23年度）研究成果報告書.

国立特別支援教育総合研究所（2014a）専門研究B 自閉症・情緒障害特別支援学級に在籍する自閉症のある児童生徒の算数科・数学科における学習上の特徴の把握と指導に関する研究（平成24年度～25年度）研究成果報告書.

国立特別支援教育総合研究所（2014b）すべての教員のためのインクルーシブ教育システム構研修ガイド．ジアース教育新社.

Lucyshyn. J. M., Miller. L. D., Cheremshynski. C. et al. (2018) Transforming coercive processes in family routines: Family functioning outcomes for families of children with developmental disabilities, Journal of Child and Family Studies, 27(9), 2844-2861.

枡　千晶・橋本創一・渕上真裕美他（2019）特別支援学校における保護者への教育相談に関する調査報告．発達障害研究, 41, 66-71.

文部科学省（2018a）特別支援学校教育要領・学習指導要領解説 総則編（幼稚部・小学部・中学部）．開隆堂出版.

文部科学省（2018b）平成29年度 特別支援教育体制整備状況調査結果について, https://www.mext.go.jp/a_menu/shotou/tokubetu/__icsFiles/afieldfile/2018/06/25/1402845_02.pdf（2023年7月27日閲覧）.

文部科学省（2019）平成30年度 特別支援教育に関する調査結果について, https://www.mext.go.jp/content/20191220-mxt_tokubetu01-000003414-01.pdf（2023年7月27日閲覧）.

文部科学省（2020）特別支援教育資料（令和元年度）, https://www.mext.go.jp/content/20200916-mxt_tokubetu02-000009987_02.pdf（2023年7月27日閲覧）.

文部科学省初等中等教育分科会（2012）共生社会の形成に向けたインクルーシブ教育システム構築のための特別支援教育の推進（報告）.

文部科学省初等中等教育局特別支援教育課（2021）障害のある子供の教育支援の手引―子供たち一人一人の教育的ニーズを踏まえた学びの充実に向けて.

文部科学省初等中等教育局特別支援教育課長

（2021）個別の教育支援計画の参考様式について，https://www.mext.go.jp/content/20211029-mxt_tokubetu02-100002908_01.pdf（2023 年 7 月 27 日閲覧）.

大羽沢子・井上雅彦（2007）特別支援学級担任の短期研修プログラムの開発と有効性の検討―学習指導場面における教授行動と学習行動の変容．特殊教育学研究 , 45, 85-95.

岡村章司・井澤信三（2019）家庭場面における行動問題を示す幼児児童の行動支援計画に関する教師研修の効果検討―保護者との協働による作成を仮定して．兵庫教育大学研究紀要 , 55, 57-63.

坂本　裕・西　正道・緒方　明（2002）小学校知的障害特殊学級における保護者と学級担任の連携について（3）―保護者と学級担任の学級運営等への意識の差異を中心に．岐阜大学教育学部治療教育研究紀要 , 24, 27-33.

迫田裕子・納富恵子・吉田茂孝（2016）若手教員の特別支援教育の研修ニーズに関する研究（2）―他領域とクロスオーバーさせた研修カリキュラムの開発．福岡教育大学大学院教育学研究科教職実践専攻年報 , 6, 31-38.

Summers. J. A., Hoffman. L., Marquis. J. et al.（2005）Relationship between parent satisfaction regarding partnerships with professionals and age of child. Topics in Early Childhood Special Education, 25, 48-58.

Summers. J. A., Marquis. J., Mannan. H. et al.（2007）Relationship of perceived adequacy of services, family-professional partnerships, and family quality of life in early childhood service programmes. International Journal of Disability, Development and Education, 54, 319-338.

Current status and challenges of special education class teachers' support as perceived by parents and guardians

Kunihiro Okamoto（Niimi University）

Hidehiro Suwa（Kawasaki University of Medical Welfare）

Abstract: This study aimed to understand the degree of support provided by special education class teachers as perceived by parents and guardians of children with disabilities enrolled in special education classes（implementation level）and the degree of support considered essential（importance level）. We compared elementary and middle schools to clarify the qualities and abilities required of special education class teachers for building partnerships. Following the framework of Summers et al.（2005）, we defined partnership between parents of children with disabilities and teachers as occurring when:（1）teachers possess expertise in guiding and supporting children with disabilities,（2）teachers and parents engage in appropriate communication with an attitude of co-education, and（3）collaboration and cooperation are possible. Members of special education class parent association participated in the study（N = 337）. We surveyed over two months, starting from December 2020. We developed a questionnaire based on the work of Furukawa and Miyadera（2015）, among others. We analyzed the responses of 128 elementary school parents and 38 middle school parents（a valid response rate of 44.0%）using the statistical software SPSS Statistics 27. Results indicated that elementary school students' parents more highly evaluated the teachers' degree of implementing and understanding disabled children's abilities than middle school students' parents. Moreover, elementary school students' parents more highly rated the implementation and importance of communication support and sharing children's goals by teachers than parents of middle school students. However, both elementary and middle school parents rated the teachers' level of family support as low. These results indicate that abilities required of special education class teachers include:（1）expertise in guiding children with disabilities（both in elementary and middle school）,（2）appropriate communication with an attitude of co-education（in middle school）,（3）strengthening collaboration within and outside the school in（in elementary and middle schools）,（4）sharing goals of children with disabilities（in middle school）, and（5）enhancing support for the family（in elementary and middle schools）.

Key Words : special support classes, support for parents of children with disabilities, primary and middle school

The Japanese Journal of Autistic Spectrum 2023, Vol.21-1, 57-63

実践報告

多重的な復習を含むプリント課題によるカタカナ指導
——特別支援学級担任への教材提供および助言による筆記獲得——

Katakana teaching task using printed materials with multiple relearning: Teaching materials and supervision for a homeroom teacher in a special needs classroom

河村　優詞（八王子市立宇津木台小学校）

Masashi Kawamura（*Hachioji City Utsukidai Elementary School*）

■要旨：特別支援学級担任に対してカタカナ教材を提供して指導を依頼し、筆記獲得への効果を確認することを目的とした。特別支援学級在籍児童である1年生3名が参加した。特別支援学級の教室で、参加児の担任が指導にあたった。行動間多層ベースラインデザインを用いたが、誤答の増加を避ける目的でベースラインを極力短縮してデータを測定した。使用した教材には平仮名とカタカナを線で結ぶ課題、なぞり書きおよび視写課題、平仮名および挿絵を弁別刺激としてカタカナを筆記する課題が含まれた。学習後、平仮名および挿絵を弁別刺激としてカタカナを筆記するテストを実施し、このテストにおける筆記の正誤の数を従属変数とした。結果、全参加児がカタカナの書字を獲得した。教師に特別な訓練を要さず、かつ一定の効果を有するカタカナ指導法を提案できたと考えられる。

■キーワード：特別支援学級、カタカナ、筆記、線結び課題、遅延再生課題

Ⅰ．問題の所在と目的

　特別支援学級では個に応じた指導が無論重要であるが、教師が授業準備に費やすことができる時間は限定的であり、一斉指導を中心とした指導がなされる（河村，2018）。このような状況下で日常的に使用しやすい指導法・教材が求められている。

　文字の学習は全教科の基礎となる重要な指導事項である（藤岡，1997）。仮名指導に関する実証研究はこれまでに数多く報告されてきた（例，石塚他，2017；菅佐原・山本，2002；高橋・野呂，2012；竹内他，2007；丹治・野呂，2010；丹治・野呂，2012；丹治・野呂，2013）。これらの報告では、読み、見本合わせ課題、カードによる単語構成など、書字以外が扱われることが多い。しかし、刺激の選択などの受容的な学習が口頭発声や筆記等の表出的行動に必ずしも転移するとは限らない（例，Guess, 1969; Guess & Baer, 1973; Lee, 1981; Sidman et al., 1974; Sidman et al., 1985）ため、筆記を含めた指導法を検討する必要があるだろう。

　このような前提の下、筆記を伴う漢字指導法（河村，2020a）や平仮名指導法（河村，2022）が開発された。これらの指導法の中には、文字の筆記練習と並行し、平仮名 – 漢字 – 挿絵間や平仮名 – 挿絵間の刺激間関係を形成し、平仮名を弁別刺激とした漢字筆記や、挿絵を弁別刺激とした平仮名筆記を獲得させるため、プリント課題上の刺激間を線で結ぶ「線結び課題（河村，2020b）」、および手本を参照せずに書字を行う「遅延再生課題（河村，2019a）」を含んでいた。河村（2020a；2022）におけるこれらの課題を含む指導は、特別支援学級在籍児童における書字獲得に一定の有効性が確認された。さらに指導難度が低く、所要時間も短いため、教師による社会的妥当性の評価も肯定的であった。

　ただし、これらの検証の中ではカタカナ指導に関しては扱われていない。カタカナは平仮名と比較して使用頻度が低い文字が多いが、漢字の構成要素と類似した字形を含むため、確実な筆記獲得は後続する漢字学習の円滑化にも貢献しうる、重要な指導事項であろう。

　そこで本研究では河村（2022）の事後検証として、特別支援学級担任に対して、カタカナの教材を提供して指導を依頼し、指導効果を確認した。

Ⅱ．方　法

1．参加児

　河村（2022）の参加児と同じ児童であった。特別支援学級に在籍する1年生男児のA～C児であった。

　A児は就学時期に実施されたWISC-ⅣでFSIQ：75，VCI：84，PRI：80，WMI：76，PSI：76であり、保護者から特定の障害の診断を受けたとの報告は無かった。

　B児は就学時期に実施された田中ビネーⅤでIQ：70であり、自閉症スペクトラム障害（ASD）の診断を受けていた。

　C児は就学時期に実施された新版K式発達検査のDQは、全領域：71、認知適応：69、言語社会：74であり、ASDの診断を受けていた。

　全参加児は河村（2022）において平仮名の筆記が獲得されており、その後も良好な維持・般化の傾向を示していた。

2．場面・指導者・期間

　特別支援学級の教室で全参加児一斉に指導を実施した。

　指導者は河村（2022）の指導者として参加したA主任教諭であった。教員経験年数は21年であり、内訳は通常学級において19年、特別支援学級において2年であった。指導者は筆者と同僚であった。指導期間は10月～11月の約2カ月間であった。

3．標的行動・指導順

　カタカナ全46字の清音を指導対象とし、平仮名や挿絵を弁別刺激としたカタカナ筆記反応の獲得を標的行動とした。カタカナ1文字につき1つ、単語および意味を示す挿絵を用意した。

　河村（2022）では字形の混同を回避するため、五十音順とは異なる指導順を採用したが、参加児らは本研究開始時点で平仮名の五十音表に関する指導を受けた経験を有していた。そこで、本研究におけるカタカナの指導順は五十音表に準じた。

　カタカナ2文字を1セットとした。1日に新規に学習を進める文字数の上限は1セットであった。

4．教材

　学習用教材とテスト用教材があった。

　学習用教材は学習の進行に伴って従前に学習した文字の復習が設定される教材であった。（図1）。

　1日分の学習用教材は表紙、見開きP1、見開きP2、裏表紙で構成されていた。以下、カッコ内の数字は図1内の数字と対応する。

　表紙では（1）その試行で始めて学習するセット（初回学習）のカタカナ、およびそれと対応する平仮名が近接提示され、さらに鉛筆で線を引いてカタカナ－平仮名を結ぶ課題が配置された。その下方（2）では、1試行前に初回学習を行ったカタカナについても復習として同様の課題が配置された。ただし、ここでのカタカナについてはなぞり書き課題とした。これは漢字教材開発時のデータ（河村，2020a）を参照すると、学習後1日が経過すると極端に書字成績が低下することが見込まれたため、1試行前のセットにおいて書字機会を確保する必要性があると考えられたためであった。なぞり書きとしたのは、この課題を選好する児童がいる（河村，2019b）ことを想定したためであった。

　見開きP1では初回学習を行うセットのカタカナを対象に、まずセット内の1文字目のカタカナについて（3）手本が配置され、（4）なぞり書き1回、視写3回の筆記課題が設定された。この際、カタカナ・平仮名の筆記を交互に行わせることで筆記の再生成績が向上しうる（河村，2020a）ため、ルビとして平仮名を筆記する欄を設けた。さらに（5）挿絵・単語に対してカタカナを筆記する欄を設け、（6）セット内のもう1文字のカタカナについても同じ課題が配置された。（7）ではセット内のカタカナ2文字について平仮名を弁別刺激として対応するカタカナを選択して筆記する課題が配置された。この課題は視写と組み合わせることで筆記成績が向上することが見込まれる課題であった（河村，2020a）。

　見開きP2では（8）平仮名または挿絵を弁別刺激とし、手本を見ずに筆記する遅延再生課題が配置され、（9）さらにカタカナ－平仮名を線で結ぶ課題が配置された。この線結び課題はカタカナの字形を参照可能であるため（8）の遅延再生課題におけるプロンプトとしても機能する可能性があった。見開きP2の左側から裏表紙にかけて（10）復習として平仮名または挿絵を弁別刺激としてカタカナを筆記する遅延再生課題が最大5セット前まで遡って配置された。

　テスト用教材は、3セットのカタカナが含まれ、平仮名および挿絵を弁別刺激としてカタカナを筆記する課題であった。

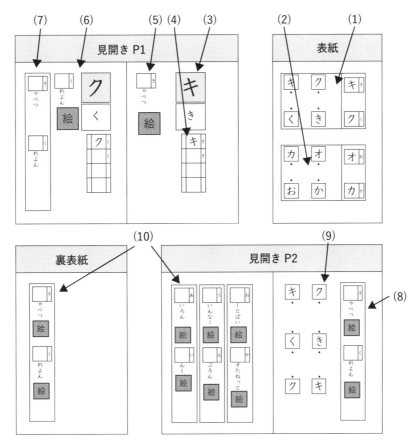

図 1　学習用教材の例

		1試行目	2試行目	3試行目	4試行目	5試行目	6試行目	7試行目	8試行目	9試行目	10試行目	11試行目	12試行目	
テスト1枚目	セット1	初回学習	復習	復習	復習	復習	復習	FU	FU	FU	FU	FU	FU	…以後反復
	セット2	BL	初回学習	復習	復習	復習	復習	復習	FU	FU	FU	FU	FU	
	セット3	BL	BL	初回学習	復習	復習	復習	復習	復習	FU	FU	FU	FU	
テスト2枚目	セット4				初回学習	復習	復習	復習	復習	復習	FU	FU	FU	
	セット5				BL	初回学習	復習	復習	復習	復習	復習	FU	FU	
	セット6				BL	BL	初回学習	復習	復習	復習	復習	復習	FU	
テスト3枚目	セット7							初回学習	復習	復習	復習	復習	復習	
	セット8							BL	初回学習	復習	復習	復習	復習	
	セット9		※測定未実施					BL	BL	初回学習	復習	復習	復習	
テスト4枚目	セット10										初回学習	復習	復習	
	セット11										BL	初回学習	復習	
	セット12										BL	BL	初回学習	

図 2　検証デザイン

5．検証デザイン

　主として行動間多層ベースラインデザインを用い、ベースライン（BL）→初回学習→復習→フォローアップ（FU）の順に進行した（図 2）。

　この内、BL および FU では学習用教材による学習を行わず、テストのみを実施した。初回学習および復習では学習用教材による学習の直後にテスト用教材を用いたテストを実施した。

　参加児らにおいてカタカナは未習事項であったた

め、BL 測定を 0 ～ 2 試行に限定した。先述のようにテスト用教材 1 枚には 3 セット分（6 文字）のカタカナが出題されるため、この内 0 ～ 2 セットが BL の測定、1 ～ 3 セットは学習済みのセットの効果測定として実施された。テストは既習のセットを含むテストを毎試行実施したが、後述する学習用教材において復習を行うのは最大 5 セット前までであり、それ以前に実施したセットはテストのみを行う FU であった。

6．手続き

A 主任教諭に対して教材を提供し、以下の手続きで指導を依頼した。

一斉指導場面で、学習用教材を参加児に配布し、指導者が初回学習を行うカタカナ2文字を指さしながら口頭で読み、参加児に復唱させた。その後、学習用教材の筆記および線結びを行わせ、終わった箇所から随時丸つけをして回収した。誤字が生じた場合はその場で指摘して余白に手本を書いて直させた。その後テスト用教材を配布してテストを実施し、正答に丸をつけ、誤字はその場で指摘して余白に手本を書いて直させた。ただし、テストの内、BL 測定を行う未習箇所は正誤のフィードバックや直しを実施しなかった。以上で1試行とした。

筆者は実施済みの教材を毎日回収し、その結果を記録し、さらに指導進行に問題が生じていないか毎日確認し、担任の求めに応じて指導に関する助言を実施した。

指導進行がスムーズであったため、全セットの指導終了後、追加的に維持テスト・般化テストを実施した。

維持テストは直前の試行から最低2日間経過した後に、テスト用教材を用いてカタカナ全文字のテストを実施した。般化テストでは挿絵を削除し、単語を別の単語に入れ替え、出題順をランダム化してカタカナ全文字のテストを実施した。これら維持・般化テストでは、参加児の筆記完了後、指導者は正答に丸をつけ、誤字には余白に正答を赤ペンで書いてフィードバックし、1回視写させ、回収した。

7．従属変数

テストにおける正誤の数を従属変数とした。正誤の判断基準は指導者である担任の判断を採用した。

8．倫理的配慮

在籍校校長に実施および公表の許諾を得た。参加児の保護者に口頭および書面で本研究の概要を説明し、実施および公表について承諾を得た。

Ⅲ．結果と経過

図3〜5に各参加児の結果を示す。全参加児においてBL 期に未獲得であったカタカナ書字が獲得され、2カ月以内に全参加児がほぼ全数のカタカナ書字を獲得した。

B・C 児では維持テスト・般化テストにおいても正答が維持されていた。A 児の般化テスト1回目のみ5文字が誤答となったが、2回目には全文字正答となった。

5試行目終了後、指導者から筆者に対し、「C 児のウ・ケ・サの形が崩れる」との相談があったため、正しい字形に近い書字を丸つけなどで強化し、徐々に字形を修正するシェイピングをすべき旨を助言した。

12試行目終了後、同様に指導者から筆者に対し、「全員シとツの書き順の書き分けができていない」との相談があったため、まず1画目のみを練習し、その後、1画目と2画目を続けて練習し、最後に3画全てを通して書字させるというように、順行連鎖化によって行動形成を図る方法を助言した。

これらの助言点について、研究期間終了後、指導者より字形が改善した旨が口頭で報告された。

Ⅳ．考　察

本研究では特別支援学級在籍児童向けのカタカナ指導法について検討した。

特別な訓練を受けていない教師が指導を行ったが、全参加児がカタカナ書字を円滑に獲得することができた。線結び課題や遅延再生課題を併用して筆記を反復することにより、適切な刺激性制御による筆記行動、すなわち平仮名を弁別刺激としてカタカナを筆記する行動が獲得されたと考えられる。

また、同一児童の平仮名書字獲得の傾向（河村, 2022）と比較して誤答が少ない傾向があった。この点に関しては筆記を伴う学習への慣れが生じたことが主要な要因であると考えられるが、字形の複雑性の低さ等も影響した可能性がある。

本研究の実施中、指導者は字形の修正に関して助言を求めることがあった。当該指導者は河村（2022）において平仮名指導時にシェイピングによる字形修正について助言を受けた経験を有していたが、今回再度助言を求めたことを鑑みると、実践時に生じた困難に個々に助言をするだけではなく、系統的・継続的な研修を実施する必要性があると考えられる。

本研究の制約と課題を述べる。第一にビデオ撮影等は実施しておらず、書字の正誤は担任単独での判断に依存しており、字形の客観的な評価はできていない。第二に、河村（2022）の実施後の継続研究であり、本

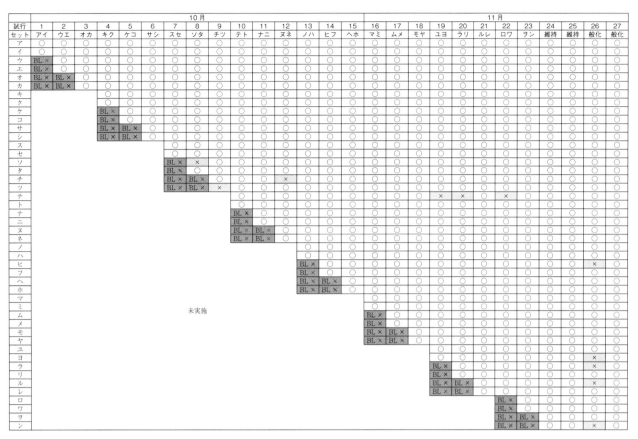

図3　A児の結果

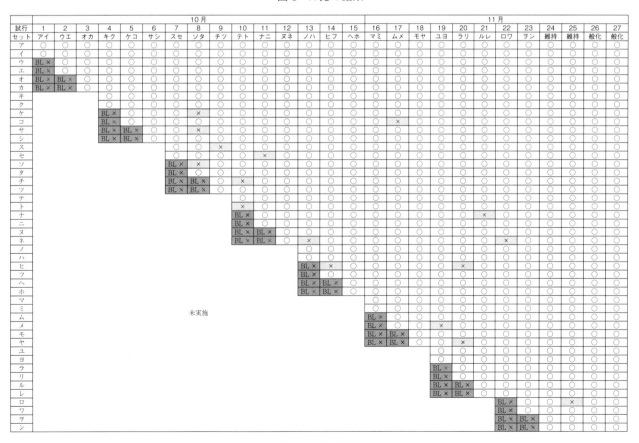

図4　B児の結果

	10月															11月											
試行	1	2	3	4	5	6	7	8	9	10	11	12	13	14	15	16	17	18	19	20	21	22	23	24	25	26	27
セット	アイ	ウエ	オカ	キク	ケコ	サシ	スセ	ソタ	チツ	テト	ナニ	ヌネ	ノハ	ヒフ	ヘホ	マミ	ムメ	モヤ	ユヨ	ラリ	ルレ	ロワ	ヲン	維持	維持	般化	般化
ア	○	○	○	○	○	○	○	○	○	○	○	○	○	○	○	○	○	○	○	○	○	○	○	○	○	○	○
イ	○	○	○	○	○	○	○	○	○	○	○	○	○	○	○	○	○	○	○	○	○	○	○	○	○	○	○
ウ	BL ×	○	○	○	○	○	○	○	○	○	○	○	○	○	○	○	○	○	○	○	○	×	○	○	○	○	○
エ	BL ×	○	○	○	○	○	○	○	○	○	○	○	○	○	○	○	○	○	○	○	○	○	○	○	○	○	○
オ	BL ×	BL ×	○	○	○	○	○	○	○	○	○	○	○	○	○	○	○	○	○	×	○	○	×	○	○	○	○
カ	BL ×	BL ×	○	○	○	○	○	○	○	○	○	○	○	○	○	○	×	○	○	○	○	○	×	○	○	○	○
キ				○	○	○	○	○	○	○	○	○	○	○	○	○	○	○	○	○	○	○	○	○	○	○	○
ク				○	○	○	○	×	×	○	○	○	○	○	○	○	○	○	○	○	○	○	○	○	○	○	○
ケ				BL ×	×	×	×	×	×	○	○	○	○	○	○	○	○	○	○	○	○	○	○	○	○	○	○
コ				BL ×	○	○	○	○	○	○	○	○	○	○	○	○	○	○	○	○	○	○	○	○	○	○	○
サ				BL ×	BL ×	○	○	○	○	○	○	○	○	○	○	○	○	○	○	○	○	○	○	○	○	○	○
シ				BL ×	BL ×	○	○	○	○	○	○	○	○	○	○	○	○	○	○	○	○	○	○	○	○	○	○
ス							○	○	○	○	○	○	○	○	○	○	○	○	○	○	○	○	○	○	○	○	○
セ							○	○	○	○	○	○	○	○	○	○	○	○	○	○	○	○	○	○	○	○	○
ソ							BL ×	○	○	○	○	○	○	○	○	○	○	○	○	○	○	○	○	○	○	○	○
タ							BL ×	○	○	○	○	○	○	○	○	○	○	○	○	○	○	○	○	○	○	○	○
チ							BL ×	BL ×	○	○	○	○	×	○	○	○	○	○	○	○	○	○	○	○	○	○	○
ツ							BL ×	BL ×	○	×	○	○	○	×	○	○	○	○	○	○	○	○	○	○	○	○	○
テ										○	○	○	○	○	○	○	○	○	○	×	×	○	○	○	○	○	○
ト										○	○	○	○	○	○	○	○	○	○	○	○	○	○	○	○	○	○
ナ										BL ×	○	○	○	○	○	○	○	○	○	○	○	○	○	○	○	○	○
ニ										BL ×	○	○	○	○	○	○	○	○	○	○	○	○	○	○	○	○	○
ヌ										BL ×	BL ×	○	○	○	○	○	○	○	○	○	○	○	○	○	○	○	○
ネ										BL ×	BL ×	○	○	○	○	○	○	○	○	○	○	○	○	○	○	○	○
ノ													○	○	○	○	○	○	○	○	○	○	○	○	○	○	○
ハ													○	○	○	○	○	○	○	○	○	○	○	○	○	○	○
ヒ													BL ×	○	○	○	○	○	×	○	○	○	○	○	○	○	○
フ													BL ×	○	×	○	○	○	○	○	○	○	○	○	○	○	○
ヘ													BL ×	BL ×	○	○	○	○	○	○	○	○	○	○	○	○	○
ホ													BL ×	BL ×	○	○	○	○	○	○	○	○	○	○	○	○	○
マ																○	○	○	○	○	○	○	○	○	○	○	○
ミ																○	○	○	○	○	○	○	○	○	○	○	○
ム																BL ×	○	○	○	○	○	○	○	○	○	○	○
メ																BL ×	○	○	○	○	○	○	○	○	○	○	○
モ																BL ×	BL ×	○	○	×	○	○	○	○	○	○	○
ヤ																BL ×	BL ×	○	○	○	○	○	○	○	○	○	○
ユ																			○	○	○	○	○	○	○	○	○
ヨ																			○	○	○	○	○	○	○	○	○
ラ																			BL ×	○	○	○	○	○	○	○	○
リ																			BL ×	○	○	○	○	○	○	○	○
ル																			BL ×	BL ×	○	○	○	○	○	○	○
レ																			BL ×	BL ×	○	○	○	○	○	○	○
ロ																						BL ×	○	○	○	○	○
ワ																						BL ×	○	○	○	○	○
ヲ																						BL ×	BL ×	○	○	○	○
ン																						BL ×	BL ×	○	○	○	○

未実施

図5　C児の結果

研究単体としては有効性や社会的妥当性の評価を実施できていない。第三に、1年生を対象とするため、誤答の削減には特に慎重さを要し、実践上の都合からBLの測定は短い。第四に、参加児童の知的障害の程度は比較的軽度であり、より重度あるいは書き障害の傾向の強い児童における有効性を検証する余地が残る。

〈文　献〉

藤岡秀樹（1997）書きことばの発達と障害．坂野　登（編）脳と教育―心理学的アプローチ．朝倉書店．

Guess, D.（1969）A functional analysis of receptive language and productive speech : acquisition of the plural morpheme. Journal of Applied Behavior Analysis, 2(1), 55-64.

Guess, D. & Baer, D. M.（1973）An analysis of individual differences in generalization between receptive and productive language in retarded children. Journal of Applied Behavior Analysis, 6(2), 311-329.

石塚誠之・増子智也・浜野真悟他（2017）言語発達遅滞が疑われる自閉症スペクトラム障害幼児に対する単文字指導の効果―コミュニケーションスキルに及ぼす影響に関する研究．北翔大学北方圏学術情報センター年報, 9, 19-26.

河村優詞（2018）小学校知的障害特別支援学級の指導と授業準備の実態調査．日本大学大学院総合社会情報研究科紀要, 19(1), 77-84.

河村優詞（2019a）特別支援学級在籍児童における漢字学習方法の効果―5種類の学習方法の比較．自閉症スペクトラム研究, 17(1), 15-22.

河村優詞（2019b）特別支援学級在籍児童における漢字学習課題の選好に及ぼす要因―選好および選択機会による効果．行動分析学研究, 33(2), 102-109.

河村優詞（2020a）知的障害特別支援学級向け漢字指導プログラムの開発に関する研究．日本大学大学院総合社会情報研究科総合社会情報専攻博士後期課程博士論文，未公刊．

河村優詞（2020b）特別支援学級在籍児童における漢字復習方法の検討―4種類の学習方法が書字の再生成績に及ぼす効果．日本大学大学院総合社会情報研究科紀要, 21(1), 97-105.

河村優詞（2022）特別支援学級における平仮名筆記の指導―線結び課題および筆記を中心としたプリント

課題の効果および社会的妥当性の検討. 自閉症スペクトラム研究 , 20 (1), 105-112.

Lee, V. L. (1981) Prepositional phrases spoken and heard. Journal of the Experimental Analysis of Behavior, 35 (2), 227-242.

Sidman, M., Cresson Jr., O., & Willson-Morris, M. (1974) Acquisition of matching to sample via mediated transfer 1. Journal of the Experimental Analysis of Behavior, 22 (2), 261-273.

Sidman, M., Kirk, B., & Willson-Morris, M. (1985) Six-member stimulus classes generated by conditional-discrimination procedures. Journal of the Experimental Analysis of Behavior, 43 (1), 21-42.

菅佐原洋・山本淳一 (2002) コンピュータを用いた構成見本合わせに基づくひらがなの指導. 日本行動分析学会第 20 回年次大会発表論文集 , p.1.

高橋甲介・野呂文行 (2012) 自閉症児における構成反応見本合わせ反応の獲得と般化. 日本行動分析学会第 30 回年次大会発表論文集 , p.59.

竹内裕美・神山　努・竹井清香他 (2007) 自閉性障害児における象徴見本合わせの促進手続き―統合型試行ブロック化手続きと対構成手続きの比較. 日本行動分析学会第 25 回年次大会発表論文集 , p.77.

丹治敬之・野呂文行 (2010) 自閉性障害児における平仮名－片仮名文字間の等価関係の成立―構成反応見本合わせ課題を用いた片仮名文字指導. 障害科学研究 , 24, 87-97.

丹治敬之・野呂文行 (2012) 自閉性障害児における見本合わせ課題を用いた平仮名濁音の読み獲得. 行動分析学研究 , 27 (1) , 29-41.

丹治敬之・野呂文行 (2013) 平仮名単語の読み指導における構成見本合わせの指導機能の検討. 日本行動分析学会第 31 回年次大会発表論文集 , p.49.

Katakana teaching task using printed materials with multiple relearning: Teaching materials and supervision for a homeroom teacher in a special needs classroom

Masashi Kawamura (Hachioji City Utsukidai Elementary School)

Abstract: This study aimed to provide katakana teaching materials to special-needs classroom teachers and confirm the efficacy of writing skills acquisition. Three first-grade students enrolled in a special-needs class participated. Their homeroom teacher instructed them in a special-needs classrooms. The author used a multiple baseline design across behavior with a shortened baseline measurement to avoid false responses. The participants performed tasks connecting hiragana and katakana with lines, tracing and copying tasks, and writing katakana using hiragana and illustrations as discriminative stimuli. After the instructions, the author tested the participants' katakana writing skills using hiragana and pictures as discriminative stimuli, with writing accuracy in the test as the dependent variable. The results indicated that all the participants acquired katakana writing skills. This result suggested the efficacy of this katakana teaching method, which does not require special teacher training.

Key Words : special-needs class, katakana, writing, line-connecting task, delayed recall task

訂正

『自閉症スペクトラム研究』第 20 巻第 1 号（2022）掲載、鶴田紗恵「大学生の自閉症スペクトラム傾向と行動選択ならびに不安の関連」（pp.47-53）の一部に誤りがありましたので、以下のように訂正いたします。

p.47、右段 21 行目
　（誤）篠田ら（2017）
　（正）篠田ら（2018）

p.53、右段 15 行目
　（誤）篠田晴男・中茎里美・篠田直子他（2017）大学生の発達障害関連支援ニーズと修学上の移行スキル支援．立正大学心理学研究所紀要, 15, 7-17.
　（正）篠田直子・高橋知音・篠田晴男（2017）自閉症スペクトラム障害児者のセット転換に関する研究動向．信州大学教育学部研究論集, 10, 21-35.
　　　　篠田直子・高橋ユウエン・高橋知音・篠田晴男（2018）大学生版認知柔軟性尺度作成の試み．信州大学教育学部研究論集, 12, 137-149.

事務局報告（令和 4 年度後半〜 5 年度前半）

第 3 回常任理事会

場所：オンラインにて実施

日時：令和 5 年 2 月 26 日

出席者：本田秀夫、吉川徹、東條吉邦、萩原拓、土岐賢吾、前田宣子、楯誠、太田篤志、坂井聡、高原朗子、（事務局：寺山千代子、五十嵐一枝、佐久間隆介）

欠席者：神尾陽子、伊藤政之

1. 審議事項
   (1) 令和 4 年度臨時常任理事会議事録の確認
   (2) 第 21 回研究大会（8 月 19 日・20 日）について
   (3) 編集委員会関係の審議事項ほか
   (4) 資格認定委員会及び事務局からの提案と報告
   (5) 学会の名称変更について
   (6) 3 月に開催予定の役員会（資格認定委員会、編集委員会、合同役員会）について
   (7) 4 月に開催予定の令和 5 年度第 1 回常任理事会について
   (8) その他

2. 報告事項
   (1) 事務局長代行、世界自閉症啓発デー、「中根先生・市川先生の業績集の作成」について
   (2) その他

第 2 回資格認定委員会

場所：オンラインにて実施

日時：令和 5 年 3 月 25 日　9 時 30 分〜 10 時 45 分

出席者：東條吉邦、前田宣子、池田顕吾、梅原泰代、岡潔、佐久間隆介、寺山千代子、砥柄敬三、中山幸夫、仁平説子、長谷川安佐子、平野敬恵、水野浩、山田登美子

欠席者（委任状あり）：大内玲子、児玉安司、是技喜代治、高村哲郎、計野浩一郎、星井純子

1. 審議事項
   (1) 自閉症スペクトラム支援士・AS サポーターの資格審査
   (2) 支援士資格の名称変更について
   (3) 今後の資格認定講座の在り方と具体的な講座運営について
   (4) 資格認定講座、事務局、資格認定委員会の在り方と委員の選任等について
   (5) その他

2. 報告事項
   (1) 第 21 回研究大会について
   (2) 臨時常任理事会（10 月 29 日開催）の議事録について
   (3) その他

第 2 回編集委員会

場所：オンラインにて実施

日時：令和 5 年 3 月 25 日　11 時〜 12 時 30 分

出席者：吉川徹、五十嵐一枝、石坂務、伊藤久志、伊藤政之、岩永竜一郎、岡村章司、荻野昌秀、河村優司、是枝喜代治、篠田直子、園山繁樹、高木一江、楯誠、縄岡好晴、萩原拓、松岡勝彦、柳澤亜希子、李熙馥、寺山千代子、東條吉邦、（金剛出版：中村奈々、立石哲郎）

1. 審議事項
   (1) 編集委員の退任について
   (2) 査読結果「1B」再投稿時の手続きについて
   (3) 枚数超過の投稿への対応について
   (4) その他

2. 報告事項
   (1)「自閉症スペクトラム研究」第 20 巻第 1 号、2 号の発行について
   (2) 現在の査読進行状況について
   (3) J-STAGE におけるアクセス数について
   (4) 編集委員アンケートの進捗状況について
   (5) その他

第 2 回理事会・評議員会

場所：オンラインにて実施

日時：令和 5 年 3 月 25 日　13 時 30 分〜15 時 30 分

出席者：（常任理事、理事）出席 16 名、委任状あり 12 名

　　　　（評議員）出席 6 名、委任状あり 19 名

　　　　（監事）欠席 2 名

1. 審議事項
   (1) 2022 年度活動報告
   (2) 2022 年度会計報告
   (3) 2023 年度活動計画
   (4) 2023 年度予算案
   (5) 第 21 回研究大会について
   (6) 学会名の変更に関して
   (7) 日本学術会議の在り方について
   (8) その他

2. 報告事項
   (1) 編集委員会の報告
   (2) 資格認定委員会の報告
   (3) 世界自閉症啓発デーに関して
   (4) その他

第 1 回常任理事会

場所：オンラインにて実施

日時：令和 5 年 4 月 23 日

出席者：本田秀夫、吉川徹、東條吉邦、萩原拓、前田宣子、楯誠、太田篤志、伊藤政之

欠席者：坂井聡、土岐賢吾、神尾陽子

1. 審議事項
   (1) 第 21 回研究大会の進捗状況（開催場所、プログラム、タイムテーブル）

（2）令和 5 年度資格認定講座の活動予定変更（事務局）

（3）会の名称変更に関するアンケート調査に関して（事務局）

2. 報告事項

（1）5 月発行予定の会報ナンバリングに関して（事務局）

（2）中根晃先生、市川宏伸先生の業績集について（寺山千代子）

（3）中国支部・岸本先生を 8 月の合同役員会で理事として承認

東北支部第 12 回・本部共催資格認定講座①

場所：本部よりオンラインにて実施

〈1 日目〉令和 5 年 6 月 17 日

【講座 1　領域：関連】

　　松本敏治「「自閉症は津軽弁を話さない」研究から見えてきたこと」

【講座 2　領域：教育】

　　菊地一文「自閉スペクトラム症のある児童生徒に対するキャリア発達支援」

【講座 3　領域：福祉】

　　小川博敬「行動障害のある ASD と支援者の困難さ」

〈2 日目〉令和 5 年 6 月 18 日

【講座 4　領域：医療】

　　齋藤まなぶ「乳幼児健診における神経発達症の早期発見・早期介入（青森モデルの紹介）」

【講座 5　領域：アセスメント】

　　天海丈久「ASD への支援ツール」

【講座 6　領域：心理】

　　佐藤匡仁「DN-CAS、KABC- Ⅱ、WISC の概要と自閉スペクトラム症児支援への活用に向けて」

【修了試験】

第 1 回臨時常任理事会

場所：オンラインにて実施

日時：令和 5 年 6 月 17 日

出席者：本田秀夫、吉川徹、前田宣子、楯誠、伊藤政之、（事務局：寺山千代子、佐久間隆介）

1. 審議事項

（1）学会役員体制の変更について

（2）第 21 回研究大会実行委員会の編成について

（3）学会事務局運営について

（4）その他

第 1 回編集委員会

場所：白百合女子大学 3201 教室　対面、およびオンラインにて実施

日時：令和 5 年 8 月 19 日　10 時〜 11 時

出席者：吉川徹、柳澤亜希子、伊藤政之、河村優詞、鈴木浩太、立松英子、石坂務、楯誠、篠田晴男、岡本邦広、
　　　　伊藤久志、岡村章司、高木一江

1. 審議事項

（1）学会名称の変更に伴う誌名変更について

（2）その他

2. 報告事項
(1)「自閉症スペクトラム研究」第 21 巻第 1 号の発行について
(2) 現在の査読進行状況について
(3) J-STAGE におけるアクセス数について
(4) その他

第 1 回資格認定委員会開催
場所：白百合女子大学 3201 教室　対面、およびオンラインにて実施
日時：令和 5 年 8 月 19 日　11 時～ 11 時 30 分
出席者：本田秀夫、前田宣子、池田顕吾、梅原泰代、佐久間隆介、寺山千代子、平野敏恵、山田登美子、岡潔、計
　　　　野浩一郎
1. 審議事項
(1) 自閉症スペクトラム学会 AS サポーター資格審査
(2) 自閉症スペクトラム支援士 STANDARD 資格審査
(3) 資格認定講座の日程
(4) 第 5 版「自閉症スペクトラム支援士」認定申請の手引き（令和 6 年から実施）
(5) その他
2. 報告事項
(1) 学会名変更について（調査結果）
(2) 世界自閉症啓発デーの実施
(3) その他

第 1 回理事会・評議員会
場所：白百合女子大学 3201 教室　対面、およびオンラインにて実施
日時：令和 5 年 8 月 19 日　11 時 30 分～ 12 時 30 分
出席者：萩原拓、前田宣子、本田秀夫、吉川徹、土岐賢吾、平野敏恵、山田登美子、高木一江、岡村章司、計野浩
　　　　一郎、太田篤志、松本幸広、楯誠、加藤潔
1. 審議事項
(1) 学会名称変更について
(2) 2022 年度活動報告、2022 年度会計報告
(3) 2023 年度活動計画、2023 年度予算案
(4) 2024 年度研究大会について
(5) その他
2. 報告事項
(1) 資格認定委員会報告
(2) 編集委員会報告
(3) 役員異動について
(4) 世界自閉症啓発デーについて

令和 5 年度研究大会
場所：白百合女子大学　対面、およびオンラインにて実施
日時：令和 5 年 8 月 19 日～ 20 日（※オンデマンド配信：8 月 21 日～ 9 月 21 日）
大会長：本田秀夫

実行委員長：本田秀夫
大会事務局長：五十嵐一枝
テーマ：当事者の視点に立った自閉スペクトラムの理解と支援
参加者数：(全体) 429 名
　　　　　(対面) 一般会員：138 名、学生会員：16 名、非会員：19 名＋ 13 名［当日受付］
　　　　　(オンライン) 一般会員：201 名、当事者・学生会員：29 名＋ 13 名［オンデマンドからオンラインへ］

1. 基調講演　8 月 19 日　13:30 〜 14:45
　「当事者研究と研究の共同創造」
　熊谷晋一郎（東京大学）
2. 学会企画シンポジウム 1　8 月 19 日　15:00 〜 17:00
　「支援者と当事者の対話」
　　　　　　　司会：吉川徹、日戸由刈
　シンポジスト：吉川徹（愛知県医療療育総合センター中央病院）
　　　　　　　　日戸由刈（相模女子大学）
　　　　　　　　岩本健吾（当事者）、今藤孝拓（当事者）
　　　　　　　　田中由佳（東京都自閉症協会理事）
3. 学会企画シンポジウム 2　8 月 20 日　10:15 〜 12:15
　「8.8％のインパクト」
　　　　　　　司会：森村美和子、米田英嗣
　シンポジスト：米田英嗣（青山学院大学）
　　　　　　　　森村美和子（東京都狛江市立狛江第三小学校）
　　　　　　　　渥美素子（不登校を考える親の会・熱海代表）
　　　　　　　　鳥谷千春（加賀市教育長）
　　　　　指定討論：野口晃菜（一般財団法人 UNIVA 理事）
4. 教育講演 1　8 月 20 日　9:00 〜 10:00
　「子ども家庭庁における自閉スペクトラム症への施策」
　今出大輔（子ども家庭庁発達障害児支援専門官）
5. 教育講演 2　8 月 20 日　13:30 〜 14:30
　「当事者の視点からみたこれからの福祉」
　綿貫愛子（特定非営利活動法人 リトルプロフェッサーズ）
6. 大会企画シンポジウム　8 月 20 日　9:00 〜 10:30
　「自閉症基礎研究の当事者化—「中核症状の理解・改善」を超えて」
　　　　　　司会：千住　淳（浜松医科大学）
　シンポジスト：井手正和（国立障害者学リハビリテーションセンター）
　　　　　　　　長井志江（東京大学）
　　　　　　　　大島郁葉（千葉大学）
　　　　指定討論：千住　淳（浜松医科大学）
7. 自主シンポジウム 1　8 月 20 日　9:00 〜 10:30
　「ASD 支援者養成に向けた EBP 実装を支えるコーチング」
　　　　　　司会：米沢巧美（社会福祉法人 横浜やまびこの里障害福祉部地域支援課）
　　　　話題提供者：高橋大地（社会福祉法人 豊中親和会第 2 みらい）
　　　　　　　　村浦新之助（埼玉県立上尾特別支援学校・東京学芸大学連合教育学研究科博士課程）

坂井翔一（社会福祉法人 はるにれの里 札幌市自閉症・発達障がい支援センターおがる）

指定討論：山根和史（厚生労働省 社会・援護局 発達障害施策調整官）

8．口頭発表

（1）「視覚支援ツールを最大限に活用するための新たな視点—行動分析学による行動バランスの理論化」
　　古林紀哉（古林療育技術研究所）

（2）「ASD のある子どもへの保育所等訪問支援—充実した学校生活をおくるために」
　　久賀谷洋（合同会社オフィスぼん／自閉症 e サービス全国ネット）

（3）「自閉スペクトラム症者の運動スキル分析及び運動指導について」
　　東海林豪（広島大学大学院人間社会科学研究所）

（4）「自閉症スペクトラム及び強度行動障害をもつ成人男性の他害行動への対応」
　　柳本典子（社会福祉法人 靖和会 ラシーネ西東京）
　　星野　純（社会福祉法人 靖和会 ラシーネ西東京）
　　染谷夏美（社会福祉法人 靖和会 ラシーネ西東京）
　　船田　巧（社会福祉法人 靖和会 ラシーネ西東京）
　　堀　草介（社会福祉法人 靖和会 ラシーネ西東京）

（5）「行動で要望を通そうとする自閉症児への表出コミュニケーションの支援—PECS Ⓡ を用いて」
　　金本拓也（社会福祉法人 ライフサポート協会）

（6）「札幌市放課後児童クラブの発達障害児の臨床的研究」
　　神田英治（北翔大学北方圏学術情報センター・学外研究員）

（7）「生活介護事業における飛び出しなどの問題行動を示す自閉症者に対する EBP: Evidence Based Practice 実装の一事例」
　　金粕舜也（一般社団法人 障害者福祉研究会）
　　米澤巧美（社会福祉法人 やまびこの里）

9．ポスター発表

（1）「強度行動障害／知的障害者に対する静脈麻酔による鎮静検査・処置の経験」
　　諸戸雅治（市立福知山市民病院小児科）

（2）「てんかんを合併した、ADHD、ASD 児の認知機能の変化」
　　竹内具子（筑波大学附属病院臨床心理部）

（3）「自閉症スペクトラム児童の対応における療育と医療の結びつきの重要性に関する研究—児童の自己表現を通じたマイプロフィール作成の効果」
　　北田健二（（株）三葉）
　　李　月（（株）三葉）

（4）「Transition Ogaru from a School life to a Social life（トス）Program の実践報告」
　　塚本由希乃（札幌市自閉症・発達障がい支援センターおがる）
　　西尾大輔（元札幌市自閉症・発達障がい支援センターおがる）
　　坂井翔一（札幌市自閉症・発達障がい支援センターおがる）

（5）「アセスメントに基づいた ASD 者への構造化による支援—BWAP2 によるソフトスキルの評価から」
　　井手春華（東京都立八王子東特別支援学校）
　　梅永雄二（早稲田大学教育・総合科学学術院教育心理学専修）

（6）「自閉症スペクトラム障害児における「ゴミ」「使える物」への弁別反応形成—「十分な例」の指導による刺激般化および順向連鎖化によるゴミ捨て、収納の指導」
　　河村優詞（八王子市立宇津木台小学校／環太平洋大学）

(7)「成人期の自閉症スペクトラム障害者への電話による支援（III）」
　　一山幸子（西日本短期大学社会福祉学科）

(8)「ASD 児に対する苦手な行動が起きた際の他害行為、物品破損を抑える逃避方法確立の取り組み」
　　桐田　碧（社会福祉法人 岩手ひだまり会 ひだまり水沢森下児童課）

(9)「自閉症の問題行動と視覚支援―行動分析学による対応方法の複雑性の考察」
　　古林紀哉（古林療育技術研究所）

(10)「書籍のタイトルにおける「ASD」の用語の使用に関する探索的研究」
　　砂川芽吹（お茶の水女子大学生活科学部心理学科）

(11)「思春期・青年期における ASD のある子どもの社会的動機づけの特徴―自己報告から当事者目線に立って考える」
　　若野舞乃（北海道大学 大学院教育学院）

(12)「保護者とともに行う特性理解と日常的支援に向けた個別療育の取り組み」
　　渡邊佳奈（社会福祉法人 北摂杉の子会）

(13)「小集団療育での意思表出支援―知的障害を伴う自閉スペクトラム症児に対する PECS の実践報告」
　　浮田千紗子（社会福祉法人 北摂杉の子会）

(14)「Prevent-Teach-Reinforce（PRT）モデルに基づく問題行動の事例検討―特別支援学校小学部における他害行動のある児童の事例を対象として」
　　米田　遊（大阪教育大学大学院連合教職実践研究科）

(15)「ASD 傾向のある幼児の潜在的な力を引き出す実践の検証」
　　野尻　浩（流通経済大学ダイバーシティ共創センター）

(16)「ペアレント・メンター活動の意義と活動へのモチベーションを維持するための支援体制」
　　柳澤亜希子（山口大学教育学部）
　　加藤　香（認定 NPO 法人 日本ポーテージ協会）

(17)「自閉症スペクトラムと場面緘黙のある児童に対する不安の軽減を目指した支援」
　　田中　忠（川崎市立御幸小学校）

(18)「自閉スペクトラム症青年が所属先を自己決定する過程―複線経路等至性モデリング（TEM）で描く NEET 期間」
　　岡部弘子（公立学校スクールカウンセラー）

(19)「特別支援学校に在籍する ASD の生徒の遠隔による授業参加支援―ICT 機器を活用して」
　　竹中正彦（兵庫県立姫路しらさぎ特別支援学校）

(20)「自閉スペクトラム症の疑いのある幼児に対する機能的コミュニケーション訓練―ペアレントハンズオントレーニングに焦点をあてて」
　　飯本真知子（（株）LITALICO）
　　稲田尚子（帝京大学）

『自閉症スペクトラム研究』編集規程および投稿規程 （2023 年 9 月 30 日改定）

編集規程

1. 本誌は日本自閉症スペクトラム学会の機関誌であり、医療、教育、福祉、司法など分野を問わず、自閉症スペクトラムに関連する領域の支援者にとって有用で質の高い情報を提供するものである。論文種別は、自閉症スペクトラムおよび関連領域の原著論文、総説、実践研究、資料、実践報告、調査報告である。なお、原著論文とは理論、臨床、事例、実験、調査などに関するオリジナリティの高い研究論文をいう。
2. 投稿の資格は本学会会員に限る。ただし、最終著者を除く共著者、および常任編集委員会による依頼原稿についてはその限りではない。
3. 投稿原稿は未公刊のものに限る。
4. 原稿掲載の採否および掲載順は編集委員会で決定する。編集にあたり、論文の種別の変更、および字句や図表などの修正を行うことがある。
5. 本誌に掲載された論文などの著作権は本学会に属する。
6. 実践内容や事例の記述に際しては、匿名性に十分配慮すること。
7. 研究は倫理基準に則り、対象者にインフォームド・コンセントを得るとともに、その旨を論文中に明示すること。
8. 当事者や家族などの近親者からの投稿について、研究発表の権利を保障するとともに、対象者の人権やプライバシーなどへの対処が必要とされる場合には、常任編集委員会で検討を行い、会長が判断する。

投稿規程

1. 原稿は原則としてワードプロセッサーを用い、A4 用紙 1,200 字に印字し、通しページを記す。本文・文献・図表・要旨をすべて含めた論文の刷り上がりは、8 頁（約 16,000 字）を上限とする。
2. 投稿の際は、元原稿とコピー 3 部に投稿票（投稿 1）。著者全員の投稿承諾書（投稿 2）を添えて提出すること。掲載決定後、テキスト形式で本文と図表（写真含む）を入れた電子媒体（CD-R、他）を提出する。原稿は原則として返却しない。
3. 原稿の句点は（。）、読点は（、）を用いる。
4. 図表は 1 枚ずつ裏に番号と天地を記し、図表の説明文は別の用紙に一括する。図表の挿入箇所は本文の欄外に、図○、表○と朱書きする。
5. 外国の人名、地名などの固有名詞は原則として原語を用いる。
6. 本文の冒頭に、和文要旨（624 字以内）を記載する。調査報告、実践報告以外の投稿区分においては和文要旨に加えて英文要旨と和訳を別の用紙に記載する。本文は、原則として、問題の所在および目的、方法、結果、考察、結論、文献の順に並べ、最後に表、図、図表の説明文を付す。
7. 本文中に引用されたすべての文献を、本文の最後に著者のアルファベット順に並べ、本文中には著者名と年号によって引用を表示する。
   文献欄の表記の形式は、雑誌の場合は、「著者名（発行年）題名．雑誌名，巻数（号数），開始ページ－終了ページ．」とし、単行本等からの部分的な引用の場合は、「引用部分の著者名（発行年）引用部分の題名．図書の著者名，または編者名（編）書名．発行社名，最初のページ－最終ページ．」とする。
   インターネット上の情報の引用はできるだけ避け、同一の資料が紙媒体でも存在する場合は、紙媒体のものを出典とすることを原則とする。ただし、インターネット上の情報を引用する場合には、その出典を明記するとともに、Web 上からの削除が予想されるので、必ずコピーをとって保管し、編集委員会からの請求があった場合、速やかに提出できるようにする。インターネット上の情報の引用は著者名（西暦年）資料題名．サイト名，アップロード日，URL（資料にアクセスした日）とする。
   本文中の引用では、筆者の姓、出版年を明記する。著者が 2 名の場合は、著者名の間に、和文では「・」を、欧文では「&」を入れる。3 名以上の場合は、筆頭著者の姓を書き、その他の著者名は「ら」（欧語の場合 "et al."）と略す。カッコ中に引用を列挙する場合は、引用順を文献欄の順に準ずる。

   ■文献欄の表記の例
   和文雑誌：
   中根　晃（2000）高機能自閉症の治療と学校精神保健からみた診断困難例．臨床精神医学，29, 501-506.
   欧文雑誌：
   Klin, A., Volkmar, F. R., Sparrow, S. S. et al.（1995）Validity and neuropsychological characterization of asperger syndrome: Convergence with nonverbal learning disabilities syndrome. Journal of Child Psychology and Psychiatry, 36, 1127–1140.
   訳書のある欧文図書：
   Ornitz, E. M.（1989）Autism at the interface between sensory and information processing. In Dawson, G.（Ed.）Autism: Nature, Diagnosis, and Treatment. The Guilford Press, pp.174–207.（野村東助・清水康夫監訳（1994）自閉症―その本態，診断および治療．日本文化科学社，pp.159–188.）

インターネットの資料：
中央教育審議会（2012）共生社会の形成に向けたインクルーシブ教育システム構築のための特別支援教育の推進（報告）．文部科学省, 2012 年 7 月 23 日, http://www.mext.go.jp/b_menu/shingi/chukyo/chukyo3/044/attach/1321669.htm（2020 年 6 月 15 日閲覧）.
The Japanese Association of Special Education（2010）Organization. The Japanese Association of Special Education, January 28, 2010, http://www.jase.jp/eng/organization.html（Retrieved October 9, 2010）.

■本文中の引用の例
…と報告されている（Bauman & Kemper, 1985 ; Dawson et al., 2002）。
吉田・佐藤（1996）および、中山ら（2002）によれば、…

8. 印刷の体裁は常任編集委員会に一任する。
9. 原稿送付先　〒 112-0005　東京都文京区水道 1-5-16　升本ビル
　　　　　　　金剛出版　「自閉症スペクトラム研究」編集部
　　　　　　　（電話 03-3815-6661　FAX 03-3818-6848　e-mail : ttateishi@kongoshuppan.co.jp）

「自閉症スペクトラム研究」投稿票

論文の種類：下記の中からひとつを選び、○で囲む

原著論文　　総説　　実践研究　　資料　　実践報告　　調査報告
その他（　　　　　　　　　　　　　　　）

論文の題名：＿＿＿＿＿＿＿＿＿＿＿＿＿＿＿＿＿＿＿＿＿＿＿＿＿＿＿＿＿＿
＿＿＿＿＿＿＿＿＿＿＿＿＿＿＿＿＿＿＿＿＿＿＿＿＿＿＿＿＿＿＿
＿＿＿＿＿＿＿＿＿＿＿＿＿＿＿＿＿＿＿＿＿＿＿＿＿＿＿＿＿＿＿

（英訳）：＿＿＿＿＿＿＿＿＿＿＿＿＿＿＿＿＿＿＿＿＿＿＿＿＿＿＿＿＿＿＿
＿＿＿＿＿＿＿＿＿＿＿＿＿＿＿＿＿＿＿＿＿＿＿＿＿＿＿＿＿＿＿
＿＿＿＿＿＿＿＿＿＿＿＿＿＿＿＿＿＿＿＿＿＿＿＿＿＿＿＿＿＿＿
＿＿＿＿＿＿＿＿＿＿＿＿＿＿＿＿＿＿＿＿＿＿＿＿＿＿＿＿＿＿＿

筆頭著者氏名：＿＿＿＿＿＿＿＿＿＿＿＿＿　　**所属**：＿＿＿＿＿＿＿＿＿＿
（英訳）：氏　名＿＿＿＿＿＿＿＿＿＿＿
　　　　　所　属＿＿＿＿＿＿＿＿＿＿＿＿＿＿＿＿＿＿＿＿＿＿＿＿＿＿

共著者氏名　：＿＿＿＿＿＿＿＿＿＿＿＿＿　　**所属**：＿＿＿＿＿＿＿＿＿＿
（英訳）：氏　名＿＿＿＿＿＿＿＿＿＿＿
　　　　　所　属＿＿＿＿＿＿＿＿＿＿＿＿＿＿＿＿＿＿＿＿＿＿＿＿＿＿

共著者氏名　：＿＿＿＿＿＿＿＿＿＿＿＿＿　　**所属**：＿＿＿＿＿＿＿＿＿＿
（英訳）：氏　名＿＿＿＿＿＿＿＿＿＿＿
　　　　　所　属＿＿＿＿＿＿＿＿＿＿＿＿＿＿＿＿＿＿＿＿＿＿＿＿＿＿

共著者氏名　：＿＿＿＿＿＿＿＿＿＿＿＿＿　　**所属**：＿＿＿＿＿＿＿＿＿＿
（英訳）：氏　名＿＿＿＿＿＿＿＿＿＿＿
　　　　　所　属＿＿＿＿＿＿＿＿＿＿＿＿＿＿＿＿＿＿＿＿＿＿＿＿＿＿
（足りない場合は別紙を使用する）

第 1 著者の住所：〒＿＿＿＿＿＿＿＿＿＿＿＿＿＿＿＿＿＿＿＿＿＿＿＿＿＿
　　　　　　　いずれかに○印を付ける（**自宅・勤務先**）
　　　　　　　TEL＿＿＿＿＿＿＿＿＿＿　　FAX＿＿＿＿＿＿＿＿＿＿
　　　　　　　e-mail＿＿＿＿＿＿＿＿＿＿＿＿＿＿＿＿＿＿＿＿

キーワード（3〜5語）：

（和文）①＿＿＿＿＿＿＿＿＿　②＿＿＿＿＿＿＿＿＿　③＿＿＿＿＿＿＿＿＿
　　　　④＿＿＿＿＿＿＿＿＿　⑤＿＿＿＿＿＿＿＿＿

（英訳）①＿＿＿＿＿＿＿＿＿＿＿＿＿＿　②＿＿＿＿＿＿＿＿＿＿＿＿＿
　　　　③＿＿＿＿＿＿＿＿＿＿＿＿＿＿　④＿＿＿＿＿＿＿＿＿＿＿＿＿
　　　　⑤＿＿＿＿＿＿＿＿＿＿＿＿＿＿

投 稿 承 諾 書

　下記の論文を「自閉症スペクトラム研究」に投稿いたします。本論文が掲載された場合、その著作権は日本自閉症スペクトラム学会に帰属することを承認いたします。なお、本論文は他紙に掲載済みのもの、あるいは掲載予定のものではありません。

筆頭著者：氏　名＿＿＿＿＿＿＿＿＿＿＿＿＿＿㊞
　　　　　所　属＿＿＿＿＿＿＿＿＿＿＿＿＿＿＿＿＿＿＿＿＿

論文の題名：＿＿＿＿＿＿＿＿＿＿＿＿＿＿＿＿＿＿＿＿＿＿＿＿＿＿＿＿＿＿＿＿＿

　　　　　　　＿＿＿＿＿＿＿＿＿＿＿＿＿＿＿＿＿＿＿＿＿＿＿＿＿＿＿＿＿＿＿＿＿

共 著 者：氏　名＿＿＿＿＿＿＿＿＿＿＿＿＿＿㊞
　　　　　所　属＿＿＿＿＿＿＿＿＿＿＿＿＿＿＿＿＿＿＿＿＿

共 著 者：氏　名＿＿＿＿＿＿＿＿＿＿＿＿＿＿㊞
　　　　　所　属＿＿＿＿＿＿＿＿＿＿＿＿＿＿＿＿＿＿＿＿＿

共 著 者：氏　名＿＿＿＿＿＿＿＿＿＿＿＿＿＿㊞
　　　　　所　属＿＿＿＿＿＿＿＿＿＿＿＿＿＿＿＿＿＿＿＿＿

共 著 者：氏　名＿＿＿＿＿＿＿＿＿＿＿＿＿＿㊞
　　　　　所　属＿＿＿＿＿＿＿＿＿＿＿＿＿＿＿＿＿＿＿＿＿

共 著 者：氏　名＿＿＿＿＿＿＿＿＿＿＿＿＿＿㊞
　　　　　所　属＿＿＿＿＿＿＿＿＿＿＿＿＿＿＿＿＿＿＿＿＿

共 著 者：氏　名＿＿＿＿＿＿＿＿＿＿＿＿＿＿㊞
　　　　　所　属＿＿＿＿＿＿＿＿＿＿＿＿＿＿＿＿＿＿＿＿＿

共 著 者：氏　名＿＿＿＿＿＿＿＿＿＿＿＿＿＿㊞
　　　　　所　属＿＿＿＿＿＿＿＿＿＿＿＿＿＿＿＿＿＿＿＿＿

＿＿＿＿＿＿年＿＿＿＿＿＿月＿＿＿＿＿＿日　提出

投稿論文の作成の手引き

1. 投稿された原稿は、査読の上で掲載の可否を決定する。また、掲載順は編集委員会が決定する。
   原稿の内容・表現の仕方などについて、専門家による校閲が行われるため、投稿者による検討により多少の変更が生じる場合がある。

2. 原稿は、ワードプロセッサーで作成するものとし、A4 版横書きで作成する。本文の 1 ページ内の書式は 24 字×45 行×2 段（明朝体、欧文綴りや数字は半角）とする。ただし、表題入りページは下図のようにする。句読点は「、」「。」を使用する。原稿には通しページをつける。

3. 論文の分量は、原則として刷り上がり 8 ページ（図表、参考文献も含む）を上限とする。

4. 原稿の最初のページの表題部分は、①題目（ゴシック体 15 ポイント）、②著者名（ゴシック体 9 ポイント）、③所属（ゴシック体 9 ポイント）を日本語で記載する。また、①〜③についての英語表記（欧文書体 8 ポイント）を記載する。

5. 表題の下の『要旨』は 624 文字以内で記載し、またその下の『キーワード』は 3 〜 5 語で記載する。

6. 見出し（ゴシック体 11 ポイント）と小見出し（ゴシック体 9 ポイント）には、段落番号を以下の順番で振る。下位の段落番号は必要に応じて使用する。

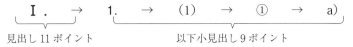

   Ⅰ． → 1． → （1） → ① → a)

   見出し 11 ポイント　　　以下小見出し 9 ポイント

7. 挿図がある場合は、図中の文字や数字が直接印刷できるように鮮明に作成する。図や表にはそれぞれに通し番号とタイトルをつけ、本文とは別に番号順に一括する。

   例：表 1 ◇◇◇◇（表の上に記載　8 ポイント　ゴシック体　表の幅で中央揃え）
   　　図 1 ◇◇◇◇（図の下に記載　8 ポイント　ゴシック体　図の幅で中央揃え）

8. 文献は、本文に用いられたもののみをあげ、著者のアルファベット順に本文の最後に一括記載する。

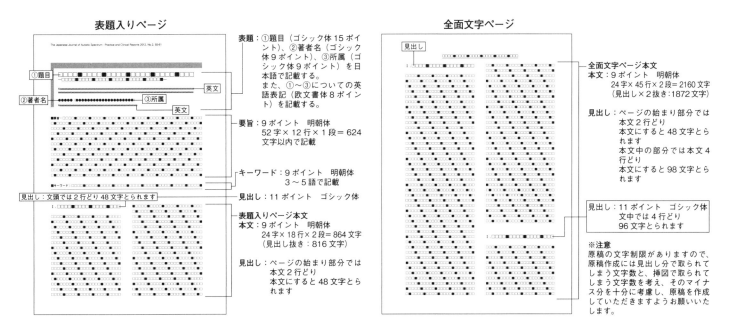

表題入りページ

表題：①題目（ゴシック体 15 ポイント）、②著者名（ゴシック体 9 ポイント）、③所属（ゴシック体 9 ポイント）を日本語で記載する。また、①〜③についての英語表記（欧文書体 8 ポイント）を記載する。

要旨：9 ポイント　明朝体
52 字×12 行×1 段＝ 624 文字以内で記載

キーワード：9 ポイント　明朝体
3 〜 5 語で記載

見出し：11 ポイント　ゴシック体

表題入りページ本文
本文：9 ポイント　明朝体
24 字×18 行×2 段＝ 864 文字
（見出し抜き：816 文字）

見出し：ページの始まり部分では本文 2 行どり
本文にすると 48 文字とられます

全面文字ページ

全面文字ページ本文
本文：9 ポイント　明朝体
24 字×45 行×2 段＝ 2160 文字
（見出し×2 抜き：1872 文字）

見出し：ページの始まり部分では本文 2 行どり
本文にすると 48 文字とられます
本文中の部分では本文 4 行どり
本文にすると 98 文字とられます

見出し：11 ポイント　ゴシック体
文中では 4 行どり
96 文字とられます

※注意
原稿の文字制限がありますので、原稿作成には見出し分で取られてしまう文字数と、挿図で取られてしまう文字数を考え、そのマイナス分を十分に考慮し、原稿を作成していただきますようお願いいたします。

原著における事例研究、実践研究、実践報告の原稿作成にあたって

　「原著における事例研究」、「実践研究」または「実践報告」の原稿作成にあたっての基本的な構成、文献記載の仕方等の諸注意を記述する。必要に応じて参考にすること。なお、これらの研究・報告論文は、実践対象となる人々に対してあるべき指導・支援や環境設定を探求するものであり、また、指導・支援者にとっては実践を進めていくための手がかりになることをねらいとしている。そのため、できるだけ客観性やわかりやすさに留意して執筆すること。ここでは「特異例の症例報告」や「小集団指導報告」（小林，2012）ではない指導を中心におく論文作成について説明する。

1. 投稿者は　1）原著論文、2）実践研究、3）実践報告　のいずれかを明記する（査読者・編集委員会の判断により変更を要請することがある）。
2. 投稿原稿作成にあたっては「投稿規定」「作成手引き」に原則的に従う。
3. 事例をとりあげる際には個人が特定されないようプライバシーの保護に最大限留意し、対象者や保護者、場合によっては所属機関について文書による承諾を得なければならない。対象者の年齢、障害の種類や程度によっては説明の理解、署名が困難な場合があり、その場合は保護者による代諾となるが、著者はできるだけ対象者本人にわかりやすく説明する努力を行う。
   1) 原著における事例研究：先行研究のレビューが適切になされ、新たな発見や証明などに関する学術的な独創性が見られること；①対象者が特にユニークな特徴を持ち、それらをどのように分析し、アプローチを考案したか。②アプローチの場の設定や教材・器具などに、またアセスメントや指導・支援の目標・手順・技法などに積極的な新機軸が認められるか。③指導・支援の実践・記録・考察が高レベルであると判断できるか、などについて明確に記述されていると判断されることがポイントとなる。
   2) 実践研究：先行研究のレビューが適切になされていること、しかし新たな発見や証明などに関する学術的な独創性については厳しく問わない。先行資料（研究論文・実践研究など）と同様の方法・手順・分析であってもよい。対象事例、指導手続きが具体的に記述され、データはできるだけ客観的な指標を用い、考察は先行研究と対比されてなされていること。
   3) 実践報告：先行研究のレビューや独創性は必須ではないが「作成手引き」に従って体裁が整えられ、実務に従事する会員が「教材」「指導法」その他についてヒントを得たりするなどのメリットが期待される。
4. 原著論文における事例研究、実践研究、実践報告にあっては、単一事例または小集団例の研究が中心となるが、学級集団などのグループ指導も含まれる。いずれの場合においても対象者や集団の生き生きとしたイメージの記述が期待され、読者（会員）の参考となり得るものが要請される。

【基本的な構成】
Ⅰ. 問題の所在と目的
　　問題提起と本稿での報告目的を述べる。その際、できるだけ関連する先行研究を引用しながら、実践の位置づけや根拠を述べることが望ましい。

Ⅱ. 方法
　　以下の項目を参考にしながら、対象者、指導や支援の方法について具体的に述べる。対象者の記述に関しては個人が特定されないよう留意した表現を用いるとともに、対象者（代諾者）からの許諾とその方法について明記する。
　　1. 対象者：基本事項（年齢・性別・所属）・主訴・生育史
　　2. アセスメント
　　　1) 対象者と環境、そしてそれらの相互作用の評価と理解
　　　2) 目標と仮説；指導・支援の方向・手順・場の提案
　　　　（1）指導・支援の実際1：アプローチの方法と技法